DU MÊME AUTEUR

Les Suédois depuis Charles XII, 4ᵉ édition, 1 vol. in-12.

Swedenborg, scènes historiques, 1 vol. in-8.

Histoire des États européens depuis le congrès de Vienne, 6 vol. in-8.

Un dernier rêve de jeunesse, 1 vol. in-8.

Histoire de mon temps :

    1ʳᵉ SÉRIE. — Règne de Louis-Philippe. — Seconde république. — 4 vol. in-8. 2ᵉ édition ornée de gravures.

    2ᵉ SÉRIE. — Présidence décennale. — Second empire. — 2 vol in-8 ornés de gravures.

PARIS. — TYP. SIMON RAÇON ET COMP., RUE D'ERFURTH, 1.

Vte DE BEAUMONT-VASSY

LES
SALONS DE PARIS

ET

LA SOCIÉTÉ PARISIENNE

SOUS

LOUIS-PHILIPPE Ier

PARIS
F. SARTORIUS, LIBRAIRE-ÉDITEUR
27, RUE DE SEINE, 27

1866

Tous droits réservés.

Je ne saurais et ne voudrais, d'ailleurs, jamais jouer le rôle de contempteur systématique du temps présent au profit d'une époque sociale déjà éloignée de nous, et dont les révolutions qui nous en séparent font paraître la silhouette plus lointaine qu'elle ne l'est en réalité.

Laudator temporis acti, a dit Horace du vieillard morose qui ne trouve de beau et de bon que ce qui se disait et se faisait dans sa jeunesse. Je ne suis pas assez vieux pour jouer ce personnage, et, de plus, il ne conviendrait aucunement à ma nature impartiale.

Mais, tout en étudiant et en écrivant l'histoire contemporaine, mes yeux, se détournant quelquefois des événements purement politiques, mes souvenirs, évoquant les faits anecdotiques, les personnages plus ou moins originaux de l'époque que je traversais, la pensée m'est venue très-naturellement de reproduire avec une exactitude photographique l'image de la société parisienne durant la période comprise entre les deux révolutions de Juillet 1830 et de Février 1848.

Qu'on ne s'y trompe pas : une étude de ce genre, pour être parfois amusante, n'a, par le fait, rien de futile. Les habitudes, les goûts, les mœurs d'une époque se rattachent par le lien le plus étroit aux événements historiques qui la composent, et, le plus souvent, les expliquent mieux que ne saurait le faire la plus consciencieuse analyse. De là vient le succès des mémoires lorsqu'ils sont réellement écrits par les contemporains.

Pour les trois quarts des faits mentionnés dans ce volume, c'est en témoin oculaire que je parle. Je tiens le reste de gens qui *ont vu* comme j'ai vu moi-même. Il y a là pour le lecteur une garantie d'exactitude qui a sa valeur relative.

Ce n'est point, d'ailleurs, sans une certaine émotion que je me suis reporté à l'époque sociale que je retrace. Tout en n'étant pas le vieillard d'Horace qui croit et dit que le temps passé était exclusivement le bon temps, je ne puis oublier que ce fut celui de mon adolescence et de ma jeunesse; et il y a, pour l'homme, quelque philosophe qu'il soit devenu, un charme singulier dans le souvenir de ces premières années de la vie, où toutes les difficultés, tous les périls, toutes les douleurs qu'elle nous réserve, étaient encore inconnus, et où on s'avançait gaiement en n'apercevant que les fleurs du sentier!...

E. DE BEAUMONT-VASSY

LES
SALONS DE PARIS

ET

LA SOCIÉTÉ PARISIENNE

SOUS LOUIS-PHILIPPE Ier

I

État de la société parisienne après la Révolution de 1830. — Conséquences premières de la dispersion de la cour de Charles X. — Hiver de 1831. — Le salon de la Fayette. — Types et portraits. — La famille du général. — Ses amis et clients. — Visiteurs étrangers. — Le général Pépé et ses déceptions. — Dom Pedro et dona Maria. — Démission du général la Fayette et solitude de son salon. — Le Palais-Royal. — Fête donnée au roi de Naples, au mois de juin 1830. — Ma visite à M. de Salvandy en 1846. — Curieuse conversation avec lui à propos de cette fête.

On conçoit quel fut l'ébranlement produit par la Révolution de juillet 1830 sur la société parisienne. Ce coup de tonnerre devait soudainement disperser « tous ces oiseaux qui ne chantent pas pendant la tempête, » comme dit le poëte allemand; et la perturbation sociale fut d'autant plus forte (il importe de le constater) qu'il y avait encore, à cette époque, des convictions politiques assez ardentes pour que le temps présent ne puisse plus nous offrir, à cet égard, de point de comparaison.

Le parti que frappait la Révolution de juillet n'était pas seulement, d'ailleurs, un parti de gentilshommes et de femmes du faubourg Saint-Germain : l'antipathie produite par les sanglants excès de la première Révolution, l'attendrissement provoqué par les malheurs si étrangement répétés de la famille des Bourbons, certaines traditions de fidélité monarchique qui existaient encore et se transmettaient de père en fils, tout cela réuni faisait que l'opinion contraire au fait qui venait de s'accomplir à Paris avait alors des représentants dans le peuple, dans la bourgeoisie, et que quelques-unes de nos provinces étaient encore presque tout entières dévouées au principe que le Paris libéral venait de proscrire. Les partis avaient donc une physionomie bien nette, bien tranchée.

Lorsque, tout à coup, au milieu des eaux calmes d'un lac, tombe quelque lourd fragment des rochers qui le surplombent, l'onde, un moment bouillonnante, forme d'abord un cercle immense où s'agitent et se heurtent les vagues tumultueuses. Des cercles plus restreints succèdent au premier; ils vont toujours se rétrécissant. L'agitation des eaux se calme enfin, et la surface du lac reprend, avec son aspect antérieur, sa primitive immobilité.

Il en est ainsi pour la société française lorsqu'elle a reçu quelque choc inattendu. Le désordre et l'agitation sont énormes d'abord; puis les parties disjointes se rejoignent, les vides se comblent, les salons s'ouvrent de nouveau, et, si l'aspect n'en est plus absolument le même, du moins on s'y retrouve et on s'y reconnaît.

A l'exception du monde officiel, les membres de la haute société parisienne étaient presque tous dans leurs terres ou aux eaux lorsque éclata la Révolution de juillet. Ce fut sur la plage de

Dieppe, aux bords du Rhin ou sous les ombrages séculaires de leurs parcs qu'ils lurent les ordonnances et apprirent les conséquences fatales de cette faute politique. Dans leur douleur ou dans leur colère, ils jurèrent (les femmes surtout) qu'ils bouderaient longtemps ce Paris qui accomplissait en trois jours des révolutions aussi radicales et renversait une dynastie imposante par les souvenirs historiques, sans daigner même se rattacher à la combinaison qui lui présentait ce jeune roi, innocent du passé, et qu'un régent, comme Louis-Philippe d'Orléans, pouvait si bien former pour l'avenir.

La cour de Charles X, sans être gaie, était extrêmement brillante; et lorsque les dignitaires du palais, les trois cents gentilshommes de la chambre du roi, les écuyers cavalcadours, les officiers des cérémonies, de la vénerie, de l'hôtel, les pages, les gardes du corps, les officiers de la garde royale, tout ce monde couvert d'or et de broderies qui payait si largement à l'industrie cet impôt dont on ne se plaint jamais, l'impôt de la vanité, eut disparu, dispersé par la tempête, le commerce se ressentit vivement du coup que la révolution venait de lui porter. Malgré les efforts du gouvernement nouveau, les bals officiels, les fêtes données par la garde nationale, l'hiver de 1831 fut morne, et Paris, comme jadis, n'attira pas les riches étrangers.

Lorsqu'à cette époque, c'est-à-dire dans les premiers mois qui suivirent la Révolution de 1830, un curieux ou un ambitieux de province arrivait dans ce Paris si transformé, deux salons lui étaient indiqués comme renfermant toutes les influences, toutes les forces vives du jour : ces deux salons étaient celui de la Fayette et le salon du Palais-Royal; et si, quoique l'accès en fût facile, le provincial éprouvait quelque difficulté à parvenir jusqu'au salon de Louis-Philippe, du moins était-il certain de s'introduire dans celui de la Fayette, lequel, comme le caravansérail de l'Europe révolutionnaire, était ouvert à tout le monde. Le laisser-aller du célèbre ami de Washington, sa soif inextinguible de popularité, l'extrême simplicité de ses habitudes, avaient produit ce résultat qu'il n'était pas un homme, voulant voir Paris et professant des idées politiques avancées, qui retournât dans ses foyers sans pouvoir dire qu'il avait pénétré chez le « héros des Deux-Mondes, » comme on l'appelait alors, et qu'il avait échangé une poignée de main avec lui. De là, ce public de mauvais aloi et souvent d'un aspect sordide qui se pressait alors dans le salon du général la Fayette autour des notabilités de la Révolution de juillet.

M. de la Fayette demeurait rue d'Anjou-Saint-Honoré. A partir de huit heures du soir, tous les mardis, une foule bigarrée venue à pied, en voiture de place ou en équipage, montait sans cérémonie un escalier aussi simple que l'appartement auquel il conduisait.

Dans la première pièce qui était une salle à manger, pièce d'une apparence austère et dont le mobilier attestait des mœurs républicaines, on rencontrait et on coudoyait déjà des célébrités du jour. C'était Audry de Puyraveau, d'une figure franche et modeste ; un homme convaincu celui-là ! qui, avec une simplicité tout enfantine, mais en sachant bien ce qu'il faisait, avait intrépidement joué sa vie, ou tout au moins sa liberté, pour ses opinions politiques. Près de lui, et comme repoussoir, Eusèbe de Salverte se tenait sombre et grave, écoutant la parole trop abondante de son voisin Mauguin, au teint brun, aux cheveux gris, aux yeux perçants, qui dans une interminable conversation passait toute l'Europe en revue. Non loin de là, un homme de haute taille, aux épaules carrées, maigre et bilieux, tête expressive, regard pénétrant, causait avec un petit vieillard tout courbé dont un garde-vue vert couvrait une partie du visage. Le premier de ces deux personnages était le général Lamarque dont le convoi devait, dix-huit mois plus tard, devenir le prétexte d'une émeute sanglante; le second était aussi un homme de guerre, mais d'un tempérament différent, le général Mathieu Dumas.

De la salle à manger on pénétrait dans une seconde pièce qui était le salon, pièce non moins simplement meublée que la première; et l'œil était tout d'abord attiré par un cercle de femmes et de jeunes filles, appartenant pour la plupart à la famille de M. de la Fayette, et dont les blonds cheveux, les fraîches toilettes sollicitaient et récréaient le regard. Presque toutes étaient la Fayette, Tracy, Lasteyrie, Corcelles. Au milieu d'elles, on distinguait une Italienne d'un genre de beauté étrange et remarquable, dont j'aurai occasion de reparler plus tard avec plus de détails, car elle a eu l'un des salons les plus curieux et les plus intéressants du Paris de cette époque. C'était la princesse Belgiojoso, née Trivulce, dont le mari, milanais, avait, à cause de ses opinions, encouru la disgrâce du gouvernement autrichien, et qui, réfugiée en France, s'y trouvait, en quelque sorte, placée sous la tutelle du général la Fayette. Près d'elle, et formant un indicible contraste, on remarquait de suite, à sa bizarre coiffure, une quakeresse, miss Opie, femme d'esprit et de cœur, qu'il n'aurait pas fallu juger sur cette apparence presque ridicule. Les enfants de M. Georges de la Fayette, Clémentine, Edmond et Oscar, circulaient au milieu de ce groupe féminin.

Enfin, dans un angle de ce salon de si simple aspect, entouré, comme un personnage antique, d'un triple rang d'amis et de clients attentifs à sa moindre parole, à son moindre geste, se tenait M. de la Fayette ; figure pâle surmontée d'une courte perruque brune, taille élevée et que l'âge avait alourdie ; visage qui cachait sous une apparence de bonhomie et d'optimisme banal, les passions politiques encore très-vertes du vieillard.

Le cercle compacte qui l'entourait de sa curiosité plus ou moins respectueuse (car, je l'ai dit, tout le monde avait accès dans ce salon) empêchait le visiteur d'apercevoir immédiatement l'homme qui, depuis quarante ans, avait, pour ainsi dire, présidé à toutes nos révolutions sans avoir jamais su y jouer un rôle décisif. Autour de lui, le vieux Dupont de l'Eure, Victor de Tracy, alors commandant de l'artillerie de la garde nationale et qui depuis, sous la seconde République, a été ministre de la marine ; Cormenin, ce sphinx immobile et muet qui n'avait d'animation et d'audace que la plume à la main ; Odilon Barrot, au regard olympien, au sourire ironique, dans toute la jeunesse et la sève de son ambition politique ; Mérilhou, ministre obscur ; Cavaignac, digne de sa notoriété, et le gros Châtelain, rédacteur en chef du *Courrier français,* le plus jovial et le mieux nourri de tous les représentants de la presse périodique, gravitaient comme des satellites autour d'une planète de premier ordre.

Des réfugiés de tous les pays et de jeunes républicains dont les cheveux taillés à la *malcontent* et la barbe pointue avaient la prétention d'indiquer à tout venant une nuance politique, formaient les comparses, et, pour ainsi dire, le chœur dans ce salon singulier non moins que curieux pour l'observateur des mœurs et habitudes sociales de l'époque.

Parfois, quelque célébrité exotique y apparaissait et attirait l'attention du cénacle. Ce fut ainsi que peu de jours après la Révolution de 1830, alors que le canon de juillet devenait pour l'Europe le tocsin des révolutions, le général italien Guillaume Pépé y fut reçu à bras ouverts. Ses premières paroles furent pour demander le concours de la France dans l'entreprise qu'il méditait pour soulever l'Italie.

— De quels secours auriez-vous besoin? lui demanda la Fayette.

— De deux mille hommes, lui répondit Pépé ; de dix mille fusils de munition et de deux frégates pour escorter l'expédition.

La Fayette, trouvant ces prétentions très-modérées, demanda cinq ou six jours pour arranger, disait-il, cette affaire avec le nouveau roi des Français. En attendant, il présenta Pépé à Lamarque et Mauguin ; mais Lamarque, avec son coup d'œil militaire, murmurait entre ses dents :

— A Modène, une insurrection sera réprimée par un régiment autrichien ; à Bologne, par une brigade.

— Je vous conduirai moi-même chez le roi, dit la Fayette au général italien ; parce que, si vous m'accompagnez, votre nom ne sera pas prononcé, et les journaux ne parleront point de l'audience que vous accordera le prince, auquel il importe qu'il n'en soit pas fait mention.

Pépé fut étonné de cette précaution que la Fayette semblait ne pas trouver superflue ; toutefois il dissimula sa surprise. Mais les jours s'écoulèrent et il ne fut plus question de rien. Le mardi suivant, M. de la Fayette voyant entrer Pépé, le prit à part et lui dit :

— Lisez cette lettre.

Elle était de Louis-Philippe, et commençait ainsi :

« Mon cher général, il faut ajourner la présentation de l'étranger votre ami. »

Quelques jours plus tard, comme il entrait un matin chez le général, dont il assiégeait la porte, Pépé comprit à sa physionomie que ses espérances devaient s'évanouir.

— J'ai de mauvaises nouvelles à vous donner, lui dit M. de la Fayette; les ministres ne veulent plus rien faire (ils ne l'avaient par le fait jamais voulu). Mais le roi semble désirer beaucoup voir le royaume des Deux-Siciles soumis à un régime constitutionnel. Seulement, dans les circonstances présentes, Louis-Philippe ne peut faire autre chose que d'envoyer à son beau-frère, le roi François Ier, un mémoire dans lequel vous exposerez de quelle façon on peut donner une constitution aux Deux-Siciles, en évitant la moindre commotion.

Guillaume Pépé écrivit le mémoire qu'on lui demandait et qui fut, en effet, envoyé à Naples par les soins du roi Louis-Philippe.

François Ier, déjà souffrant de la maladie qui devait le conduire au tombeau, fit répondre, tout en remerciant Pépé, qu'il songerait à son mémoire; mais que les dangers qu'il signalait n'étaient pas aussi prochains qu'il semblait le supposer.

François Ier, homme politique éminent d'ailleurs, avait jugé juste : les troubles et les embarras prévus par Pépé ne devaient devenir des catastrophes pour ses successeurs qu'à la seconde génération.

Un autre personnage étranger ne tarda pas à paraître chez le général la Fayette. Ce fut dom Pedro de Bragance et Bourbon, le père de dona Maria da Gloria, l'ex-empereur du Brésil, qui rêvait une expédition en Portugal dans le but de détrôner dom Miguel au profit de sa fille.

Dom Pedro était un prince de fort bonne mine qui cherchait à se rendre le plus populaire possible à Paris, dans l'intérêt de sa cause politique.

il voulut conduire chez M. de la Fayette la petite reine dona Maria, en visite de cérémonie. C'était en *grand habit*, comme on disait autrefois, qu'il voulait présenter sa fille au héros des deux mondes, et cette toilette, dont il avait surveillé tous les détails, ne manqua pas de faire le sujet des conversations parisiennes. La petite reine, habillée par mademoiselle Victorine, célèbre faiseuse d'alors, devait porter une robe de tulle noir brodé en lames d'or, appliquée sur un transparent de satin cramoisi, le tout recouvert d'une sorte de manteau de cour, en étoffe de Lyon, brochée noir et cramoisi sur un fond d'or, dans la bordure duquel on voyait des médaillons peints sur ivoire avec les armes du Portugal et des Algarves. On comprend que cette toilette de cour produisit un grand effet dans le salon de l'ami de Washington, qui, pour cette circonstance particulière, sut retrouver ses anciennes habitudes de Versailles, qu'en vrai gentilhomme il n'avait jamais complétement perdues.

L'influence du général la Fayette ne semblait pas encore assez détruite à cette époque pour qu'on négligeât de se présenter chez lui. Ainsi le prince de Talleyrand, nommé ambassadeur à Londres, venait, comme pour se purifier de ses anciens péchés contre la politique libérale, se montrer dans le salon de la rue d'Anjou, et la Fayette, surpris, mais, au fond, satisfait de la démarche, répétait à tout le monde : « Il y avait trente ans que Talleyrand n'avait mis les pieds chez moi. »

M. le duc d'Orléans, dans toute la séve de sa brillante jeunesse, y vint plusieurs fois sans cérémonie et frappa même son auditoire par l'élégance et la savante variété de sa conversation facile. Évidemment il avait voulu briller et séduire.

Mais un jour vint où l'attitude du général la Fayette souleva l'opinion modérée, l'élément conservateur, contre ce que l'on nommait son autorité irresponsable. Il avait rendu des services ; honnête homme, il s'indignait à l'idée du sang versé, et sa conduite durant les dernières heures du procès des ministres de Charles X avait du moins prouvé ses bonnes intentions. Mais ce n'était pas sans arrière-pensée que M. de la Fayette avait agi de la sorte; il voulait, tout en constatant clairement l'espèce de dictature que lui conférait sa situation de commandant général des gardes nationales du royaume, faire servir au développement de ses idées politiques l'influence que les derniers événements lui avaient donnée. Son ordre du jour du 24 novembre 1830 se terminait donc par ces phrases significatives : « La capitale, dont la sécurité a été garantie avec une sage fermeté, est contente de nous. Il en sera de même dans toute la France. Les affaires comme notre service reprennent leur cours ordinaire ; la confiance va se rétablir ; l'industrie va se ranimer ; tout a été fait pour l'ordre public ; notre récompense est d'espérer que *tout va être fait pour la liberté.* »

Jalouse de ses prérogatives, ennemie (comme cela se disait alors) de toutes les dictatures, qu'elles procédassent du peuple ou du droit divin, la Chambre des députés parut s'émouvoir tout à coup de la situation exceptionnelle qui créait un pouvoir sans contrôle, presque sans limites, en dehors des pouvoirs constitutionnels et réguliers. On a dit qu'il n'y a rien de plus hypocrite que les assemblées parlementaires, et c'est une grande, une incontestable vérité : tandis que la chambre prodiguait au « héros des deux mondes » les qualifications les plus louangeuses, elle ne songeait déjà plus qu'à détruire, qu'à renverser cette puissance rivale qui la troublait et l'offusquait.

Elle l'attaqua avec une merveilleuse adresse, mais aussi avec une rare duplicité : le ministère avait présenté un projet de loi sur la garde nationale, et ce projet renfermait l'article suivant : « Dans les communes ou cantons où la garde nationale formera plusieurs légions, le roi pourra nommer un commandant supérieur, mais il ne pourra être nommé de commandant supérieur des gardes nationales de tout un département, ou même d'un arrondissement de sous-préfecture. » La discussion de cet article, en se généralisant, fit surgir tout à coup le nom de M. de la Fayette ; et, en effet, si le pouvoir de nommer un commandant supérieur dans un département prêtait pas laissé au chef de l'État comment serait-il jamais possible d'admettre qu'un citoyen, quelque grand qu'il fût, d'ailleurs, pût être investi du commandement en chef des gardes nationales du royaume?

On accabla donc d'éloges M. de la Fayette; mais, en définitive, on supprima aussi régulièrement, aussi constitutionnellement que possible, les hautes fonctions qui lui avaient été décernées en quelque sorte comme une couronne civique dont il était si glorieux et si fier! Vivement froissé dans son amour-propre, le général, averti du vote de la Chambre, envoya sa démission au roi.

Et le roi lui répondit :

« Je reçois à l'instant, mon cher général, votre lettre qui m'a peiné autant que surpris par la décision que vous prenez; je n'ai pas encore eu le temps de lire les journaux. Le conseil des ministres s'assemble à une heure; après, je serai libre, c'est-à-dire qu'entre quatre et cinq j'espère vous voir et vous faire revenir sur votre détermination. »

Mais, après avoir avec amertume et franchise

exposé tous ses griefs au roi, M. de la Fayette maintint la démission qu'il avait donnée, et, à dater de ce moment (ce qui ne fait pas grand honneur à la nature humaine), son salon, jadis trop rempli, ne vit plus que sa famille ou ses intimes amis.

Celui du Palais-Royal était, comme je l'ai dit, moins facilement abordable, quoique bien loin d'être inaccessible, surtout dans les premiers temps qui suivirent la Révolution de juillet. Ce ne fut qu'au bout de dix-huit mois que Louis-Philippe et sa famille allèrent s'installer aux Tuileries, salon dont je parlerai longuement plus tard.

Le Palais-Royal avait, on le sait, bien changé d'aspect depuis 1814. Les courtisanes et les jeux avaient beaucoup contribué à étendre sa célébrité dans toute l'Europe à l'époque où, lorsqu'on demandait : « Où conduit cette route ? » on répondait : « Elle conduit au Palais-Royal. » En 1830, les courtisanes en étaient expulsées depuis quelques années. Les jeux ne devaient pas tarder à l'être. Le duc d'Orléans avait voulu moraliser les lieux qui lui servaient de demeure. Il avait également entrepris, avec l'aide de l'architecte Fontaine, de régulariser les galeries à arcades qui encadrent le jardin, et de supprimer ces étables d'Augias que l'on nommait les galeries de bois, en les remplaçant par un passage brillant, aéré, recouvert d'un dôme de verre et auquel il avait donné son nom.

Cette élégante galerie d'Orléans, ainsi que les autres embellissements du palais, était à peine terminée à l'entrée de l'hiver de 1830.

On sait que la dernière grande fête officielle donnée sous la Restauration fut offerte par le duc d'Orléans à Charles X et à ce même roi de Naples, François Ier, dont j'ai eu occasion de parler tout à l'heure. François Ier, père de madame la duchesse de Berry, venait de conduire en Espagne une autre de ses filles destinée à épouser Ferdinand VII et à devenir la mère de la reine Isabelle II, actuellement régnante. Il avait franchi les Pyrénées et traversé toute la France pour aller visiter Charles X et la mère du duc de Bordeaux. Des réceptions brillantes l'avaient accueilli partout, ainsi que la reine de Naples, durant ce voyage accompli au moment où la glorieuse expédition d'Alger paraissait devoir faire une si heureuse diversion aux querelles politiques et aux dissentiments des partis.

Ce bal célèbre donné au Palais-Royal en juin 1830 était resté dans la mémoire de tous ceux qui y avaient assisté : je me souviens qu'un jour j'eus à son sujet une très-curieuse conversation avec M. de Salvandy, alors qu'il était ministre de l'instruction publique.

Cet excellent et honorable M. de Salvandy, que je vois encore avec sa haute taille, sa figure gravée par la petite vérole, son cou un peu épaissi par une dangereuse tumeur qui commençait à apparaître et qu'il s'efforçait de dissimuler sous la cravate et les cheveux, était, quand il le voulait, un des plus brillants conteurs que l'on pût rencontrer et entendre. Homme d'un mérite beaucoup plus grand que ses adversaires politiques ne voulaient l'admettre, il s'est montré en certaines circonstances excellent orateur, et si ses ennemis lui reprochaient un peu de solennité dans les formes, il a témoigné du moins, lors de son ambassade en Espagne et pendant la durée de son ministère, d'une remarquable dignité de caractère et d'une grande fermeté d'esprit.

J'allais, un matin du mois de mai 1846, causer avec lui, au point de vue littéraire, d'une mission en Suède qui m'avait été confiée, et je me trouvais (j'ai toujours eu la mémoire exacte des lieux) dans son cabinet de travail, rue Cassette, car, jusqu'à une certaine heure de la journée, il habitait encore, quoique ministre, l'appartement particulier qu'il occupait auparavant avec sa famille, composée de l'excellente madame de Salvandy ; de sa fille, qui est devenue depuis la marquise d'Aux ; de son fils, jeune alors, et de sa parente, mademoiselle Féray, dont le frère a épousé depuis la fille du maréchal Bugeaud.

Après avoir traité la question qui m'amenait et reçu les instructions du *ministre*, la conversation avec l'*homme* continua sur des sujets divers. M. de Salvandy m'honorait d'une très-grande bienveillance.

Je ne sais comment j'en vins à citer un mot

de lui resté célèbre et qu'il avait prononcé pendant ce bal donné par le duc d'Orléans à Charles X et au roi de Naples : « C'est bien une fête napolitaine, car nous dansons sur un volcan. » Ses souvenirs se réveillèrent alors, et voici les curieux détails qu'il me donna à propos de cette fête historique :

— Ce fut, me dit-il, au duc d'Orléans lui-même que j'adressai ces paroles dont les journaux s'emparèrent le lendemain. La fête avait été splendide. A neuf heures précises, Charles X était arrivé avec le roi et la reine de Naples, le prince de Salerne, le Dauphin, la Dauphine, et Madame, duchesse de Berry, donnant la main à Mademoiselle. Le duc de Bordeaux n'était pas présent. Accompagné de ses deux fils aînés, les ducs de Chartres et de Nemours, le duc d'Orléans avait été recevoir les deux rois à la descente de leurs voitures. Madame la duchesse d'Orléans, entourée de ses plus jeunes fils, de ses filles charmantes et de sa belle-sœur, madame Adélaïde, attendait le royal cortége au haut du grand escalier.

« Les souverains et leurs brillantes suites parcoururent les magnifiques salons dont quelques-uns étaient à peine terminés, et la galerie nouvelle dont les peintures représentaient l'histoire du Palais-Royal. Charles X, qui donnait le bras à la reine de Naples, avait l'air gai et satisfait. La duchesse de Berry paraissait également joyeuse de posséder sa famille auprès d'elle. La Dauphine, cette martyre de nos discordes, semblait, comme toujours, dépaysée au milieu des fêtes. Le roi de Naples marchait plié en deux comme un homme qui a déjà reçu une première atteinte de la mort.

« Après avoir traversé tous les salons, Charles X s'avança vers la terrasse qui donne sur le jardin, et y conduisit la reine de Naples. La nuit était superbe, une nuit de juin éclairée puissamment par la lune. Le roi montra le ciel avec la main et dit à voix assez haute :

« — Voilà un beau temps pour ma flotte d'Alger !

« Des cris de : Vive le roi ! se firent entendre dans le jardin. Charles X salua la foule, qui renouvela ses cris; puis il rentra dans les salons, et les danses commencèrent.

« Ce fut peu de temps après que le duc d'Orléans étant debout derrière la rangée de fauteuils des souverains et des princesses, je lui adressai les paroles que vous venez de me rappeler; et alors eut lieu cet entretien très-caractéristique dont les termes, gravés dans ma mémoire, sont à peu près textuels :

« — Qu'il y ait volcan, monsieur de Salvandy, c'est possible; je le crois comme vous, et, au moins, la faute n'en est pas à moi. Je n'aurai pas à me reprocher de n'avoir pas cherché à ouvrir les yeux au roi. Mais que voulez-vous? On n'écoute rien. Dieu sait où tout ceci peut nous conduire !

« — Fort loin, monseigneur, d'après ma conviction, et j'éprouve au milieu de cette fête splendide un profond sentiment de tristesse. Je me demande où sera dans six mois cette société si brillante, où seront ces princes si heureux, si gais.

« Madame passait devant nous en ce moment, *galopant* avec le comte Rodolphe Appony.

« — Je ne sais pas ce qui arrivera, reprit le prince, je ne sais pas où ils seront dans six mois; mais je sais bien où je serai, moi : dans tous les cas, je resterai ici avec ma famille. C'est assez d'avoir été jeté deux fois en exil par les fautes d'autrui; je ne m'y laisserai pas reprendre. Quelque danger que je puisse courir, je ne bougerai pas d'ici : je ne séparerai pas mon sort et le sort de mes enfants de celui de mon pays; c'est ma résolution inébranlable. Je ne laisse pas ignorer mes sentiments. Dernièrement, à Rosny, j'ai beaucoup parlé sur tout ceci, et dit ma pensée entière. Le roi de Naples, qui y était avec nous, a très-bien jugé notre situation. Ce prince, que vous voyez si cassé et qui pourtant a quatre ans de moins que moi, est un homme de beaucoup de sens. Les circonstances extérieures l'obligent à être roi absolu; mais ses inclinations ne sont point là, et il a fait des observations fort sages. Du reste, en m'affligeant autant que vous de la route où le roi s'engage, je ne m'effraye pas autant que vous des résultats possibles. Il y a en

France un grand amour de l'ordre. Cette France, on ne veut pas la comprendre, mais elle est admirable. L'expérience de la Révolution est présente à tous les esprits; on en veut les conquêtes, on en déteste les égarements. Une révolution nouvelle ne ressemblerait à rien de ce que nous avons vu, j'en suis convaincu.

« — Cela pourrait être une révolution de 1688, monseigneur. Mais lorsque l'Angleterre se plaça en dehors de la légitimité, l'aristocratie lui restait comme élément d'ordre. Dans ce pays-ci, il n'en serait pas de même; le peu d'aristocratie qui nous reste est trop faible et ne se rallierait pas au gouvernement. On ferait très-probablement table rase, et la démocratie pure est inhabile à rien fonder.

« — Le monde est changé de face depuis quarante ans; vous ne vous rendez pas assez compte de la diffusion des lumières, conséquence du partage des fortunes. Les classes moyennes ne sont pas toute la société, mais elles en sont la force. Leur intérêt constant est le maintien de l'ordre, et elles ont assez de puissance pour combattre et réprimer les mauvaises passions. Le jacobinisme n'est plus possible quand le grand nombre possède.

« — Ce serait une erreur dangereuse, monseigneur, de comprendre parmi les garanties d'ordre la propriété tout entière. La propriété est si divisée qu'elle a sa multitude qui est profondément envieuse de toutes les supériorités et ennemie de tous les pouvoirs.

« — Songez, monsieur de Salvandy, que tout ce que veut le pays, c'est l'établissement sincère du régime constitutionnel. Il ne demande pas autre chose. Tout le mal est venu de l'impossibilité d'accepter complétement, une bonne fois, tous les résultats de la Révolution, et la Charte en particulier. Ce qui a produit les égarements de la Révolution, c'est la mauvaise éducation de l'ancien régime, non moins que la trop grande inégalité des conditions. Nous n'en sommes plus là. Ma foi politique, c'est qu'avec des sentiments vraiment constitutionnels on mènerait tout à bien. Au reste, ces principes, je les ai toujours eus. Quand je trouvai asile à la cour de Sicile, on voulait, pour me donner ma femme, m'amener à des concessions : je déclarai que mon opinion était invariable ; que j'élèverais mes enfants dans ces idées, et que je le ferais dans leur intérêt tout autant que par amour de la vérité. La principale cause de toutes les difficultés de la politique, c'est que, dans le milieu où ils se trouvent placés, les princes nourrissent d'autres idées, d'autres opinions que les peuples. Tel est le motif pour lequel j'ai donné l'éducation publique à mes fils. J'ai voulu qu'ils pussent être à la fois citoyens et princes ; qu'ils ne prissent pas l'habitude d'un entourage de flatteurs ; qu'ils n'eussent pas devant les yeux ce voile que donne l'éducation des cours ; enfin, qu'ils ne fussent pas liés par goût d'enfance à un monde faisant bande à part, intéressé à les tromper et se trompant toujours lui-même. Je crois que, quoi qu'il arrive, je m'applaudirai toujours du parti que j'ai pris.

« J'abrége beaucoup cette curieuse conversation, continua M. de Salvandy. Elle porta sur plusieurs sujets de politique pratique, entre autres sur la loi départementale et communale. Le duc d'Orléans prenait ses comparaisons en Angleterre, en Suisse, en Amérique. Ce qu'il y avait de plus singulier, c'est que cet entretien avait lieu à deux pas du roi Charles X, et pour ainsi dire derrière son fauteuil. Vers le milieu de la fête, un tumulte populaire se produisit dans le jardin, où la foule fit un feu de joie des chaises amoncelées. Mais ce n'était que de la gaieté. Les colères du lion devaient éclater plus tard. Vers une heure du matin, Charles X, le roi et la reine de Naples, le Dauphin et la Dauphine quittèrent le bal. Madame la duchesse de Berry demeura encore pour danser le *cotillon* avec le duc de Chartres, et le jour était venu depuis longtemps lorsqu'elle sortit, accompagnée du prince de Salerne, de ce palais qu'elle ne devait plus revoir.

« Avouez, ajouta le ministre, que cette conversation est curieuse en ce qu'elle fait connaître d'une façon tout intime le caractère du duc d'Orléans.

— A ce point de vue, répliquai-je, elle appartient vraiment à l'histoire et mériterait d'être conservée.

Puis je remerciai vivement le ministre de sa bienveillante communication, et revenu chez moi tout pensif, je transcrivis immédiatement la conversation qui venait de m'être ainsi racontée.

LAFAYETTE

II

Les réunions bourgeoises de 1831. — Lettre d'un ami à son ami. — Une soirée rue de Provence. — Les conversations de l'époque. — Figures originales. — Jeunes filles et femmes mariées. — Célibataires et maris. — Exposition de 1831. — Les tableaux de circonstances. — Les portraits. — Grande mêlée des célébrités du temps. — Réunion de chefs-d'œuvre. — Paul Delaroche. — Léopold Robert. — Horace Vernet. — Ary Scheffer. — Le Gudin de ce temps-là. — Nestor Roqueplan. — Les sculpteurs. — Foyatier. — Dantan. — Antonin Moyne. — Visites du roi Louis-Philippe à l'Exposition.

L'hiver de 1831 ne fut donc égayé à Paris que par des réunions officielles, des bals de souscriptions donnés par la garde nationale dans la salle de l'Opéra, ou des soirées dansantes organisées bourgeoisement à tous les étages, excepté au premier, et dans tous les quartiers, excepté au faubourg Saint-Germain dont les hôtels demeurèrent fermés.

Ces soirées bourgeoises, qui servirent de transition entre une société qui s'en allait et une autre qui venait, avaient une physionomie des plus curieuses. Voici comment un très-jeune danseur de cette génération parisienne les dépeignait à l'un de ses amis de province qui devait bientôt venir le rejoindre à Paris. Ce tableau, naïvement et juvénilement présenté, n'en est pas moins très-complet.

« Tu sais, mon cher, que j'ai encore la faiblesse d'aimer la danse (le danseur n'avait pas encore dix-huit ans), et je t'avouerai que cet hiver je suis un peu désappointé. Ah ! ce n'est pas comme l'année dernière, à pareille époque ; il s'en faut de toute l'épaisseur d'une révolution ; et si mes examens de droit n'en souffrent pas, bien au contraire, mes plaisirs paraissent devoir en souffrir beaucoup. Quelle sottise de la part de M. de Polignac de ne pas avoir attendu le retour de l'armée d'Alger pour opérer son petit Dix-huit brumaire! Ce n'était même pas un Dix-huit brumaire, puisqu'il n'y avait personne à faire sauter par les fenêtres, la Chambre n'étant pas encore réunie. Et qui nous dit, après tout, qu'il ne faudra pas plus tard en venir à un équivalent des fameuses ordonnances? A l'instar de ce bon M. de Robespierre, et plus sérieusement que ce farouche personnage, M. de Polignac n'est peut-être pas *encore jugé.*

« Mais, Dieu me pardonne! je crois que je me lance dans la politique. Je reprends :

« Donc, hier matin, me trouvant encore dans cet état de somnolence rempli de charme, qui n'est plus le sommeil, mais qui n'est pas absolument le réveil non plus, alors que, jetant un coup d'œil sur ma chambre en désordre, j'admirais les débris épars de ma toilette de la veille, rapidement jetés çà et là au retour d'une soirée dont les fatigues dansantes se faisaient encore légèrement sentir; au moment où je me demandais sérieusement par quelle loi et par quelle force de l'équilibre un de mes bas de soie se soutenait sur un des flambeaux de la cheminée, tandis que mon gilet étalait son satin à fleurs au-dessus de la pendule, Ludovic, que tu connais bien, entra brusquement chez moi et me tint ce familier langage :

« — Bonjour, ami ; tu es étonné de me voir pénétrer chez toi comme un monsieur qui veut exécuter un vol au bonjour, n'est-ce pas ? Ce n'est pas tout à fait pour cela que je suis venu.

« — Je te crois, mon ami ; je te crois.

« — C'est encore heureux ; alors je poursuis. Figure-toi qu'hier j'ai rencontré madame D..., qui est accourue à moi en s'écriant : « Ah ! monsieur Ludovic, quelle chance de vous trouver sur mon chemin ; sans cela, je vous aurais peut-être écrit... — J'aurais préféré cela, madame, ai-je dit en l'interrompant. — Moi, je préfère n'avoir pas eu cette peine, a-t-elle ajouté en minaudant de toutes ses forces. — Mais enfin, madame, qu'y a-t-il ? ai-je repris ; vous savez que je suis tout à vos ordres. — Aussi je compte sur vous pour m'avoir des danseurs, beaucoup de danseurs. J'ai, en quelque sorte, improvisé une petite soirée pour demain; je voudrais avoir le plus de jeunes gens possible; non pas de ces jeunes gens inutiles qui croiraient se manquer à eux-mêmes en risquant une contredanse, mais des danseurs, de vrais danseurs. — Oui, madame, je vous ai compris; de ces jeunes gens qui ne vont pas seulement au bal pour absorber des sirops ou jouer à l'écarté. — C'est cela précisément; amenez-moi donc le plus de jeunes gens que vous pourrez dans ces conditions-là. — Ils deviennent de plus en plus rares tous les jours, madame. — Je le sais, je le sais; mais vous n'en aurez que plus de mérite. Adieu, je compte sur vous. » J'ai salué, et ma première pensée a été pour toi, mon cher.

« — Tu es bien bon!

« — Pas du tout; mais c'est que tu remplis parfaitement le programme de madame D.... Tu as encore des illusions à l'endroit de la danse; tu possèdes un jarret d'enfer; tu es suffisamment réservé en fait de gâteaux et de glaces. Tu étais donc désigné d'avance, dans ma pensée, à l'honneur que l'on prétend te faire.

« — J'accepte ta proposition ; mais tu viendras me prendre.

« — C'est convenu ; je serai ici à huit heures et demie précises, et nous ferons notre entrée à neuf heures.

(En 1831, n'arrivaient à dix heures au bal que les gens qui voulaient faire une immense sensation. Aujourd'hui, on arrive à minuit.)

« — A propos, et quel genre de toilette ?

« — Joli petit ordinaire. Ah ! dame ! nous n'allons pas au bal chez la duchesse de Berry.

« — C'est compris ; à ce soir !

« — A ce soir, et surtout ne me fais pas attendre.

« Ludovic est venu me prendre comme il me l'avait annoncé, et notre fiacre nous débarquait à neuf heures, rue de Provence, chez madame D...

« Nous sommes montés au troisième étage : une porte entre-bâillée, par laquelle une lumière inusitée se répandait sur l'escalier assez mal éclairé, d'ailleurs, nous a donné accès dans une antichambre tout encombrée de manteaux et de pardessus que plusieurs bonnes très-affairées rangeaient et dérangeaient à chaque instant. Cette pièce d'entrée était ornée des deux gravures si connues reproduisant les tableaux d'Horace Vernet, intitulés *le Cheval du trompette* et *le Chien du régiment*. On prit nos manteaux; on nous donna un petit carton portant un numéro d'ordre que nous devions représenter en les réclamant au moment du départ. La porte du salon, qui s'entr'ouvrait de temps en temps, laissait arriver jusqu'à nous les accords plus ou moins mélodieux d'un piano, d'un violon et d'un flageolet, orchestre plus que suffisant pour les dimensions de l'appartement de madame D..., nous entrâmes.

« Dans un salon à papier jaune, à meubles recouverts de satin de laine couleur bouton d'or, deux rangs de banquettes supportaient, s'épanouissant dans des toilettes d'une fraîcheur douteuse, sur le devant, une rangée de jeunes filles ou, pour parler plus exactement, de demoiselles (car il y en avait quelques-unes qui avaient déjà, dans le livre de la vie, entamé les pages de la vingtième année); par derrière, une ligne de mamans, vêtues dans un goût plus ou moins sévère, ornées parfois de bonnets aux rubans versicolores dont l'éclat attirait bien involontairement le regard; ayant aussi parfois le cou entouré d'un *boa*, sorte de fourrure très à la mode en ce moment, et qui affecte la forme d'un serpent « se « déroulant en replis tortueux. »

« Ici j'ouvre une parenthèse pour te redire, à propos de *boa*, un bon mot qui n'est pas encore trop vieux :

« Une assez jolie femme, récemment mariée à un homme qui n'a inventé ni *poudre*, ni *pommade*, comme disait un coiffeur bel-esprit, mais qui gâte un peu les agréments de sa personne par le ton des *Précieuses* de Molière, criait assez haut, il n'y a pas longtemps, à la fin d'une soirée : « Mais où est donc ma bête? Avez-vous vu ma « bête? »

« Elle voulait parler de son *boa*.

« — Alfred, ta femme te demande! » eut le courage d'aller dire au mari un ami par trop mauvais plaisant. »

« Ceci dit, je continue.

« Cette double rangée de banquettes s'étendait non-seulement dans le salon jaune, mais encore dans une salle à manger assez grande, pour permettre le développement des contredanses et surtout le passage tourbillonnant du *galop*, qui devient de plus en plus à la mode et que dans le principe on appelait *la galope*. Cette dénomination a cours peut-être encore en province; mais, à Paris, on ne l'emploie plus. Elle serait trouvée trop *rococo*, mot que cet hiver a vu également éclore.

« Dans une chambre à coucher bleu-tendre, des tables de jeu se trouvaient disposées, et c'était là que paraissaient s'être réfugiés tout d'abord les maris et les pères. Il y avait une table d'écarté et une table de bouillotte. Cette dernière était déjà garnie de son personnel. L'autre, vers laquelle bien des regards se tournaient à la dérobée, n'allait pas tarder à attirer un public trop nombreux pour la satisfaction de la maîtresse de maison.

« Celle-ci, rayonnante au milieu de toutes ces

splendeurs, félicitée tout haut, mais enviée et dénigrée tout bas par une quantité de commères charmées d'avoir une occasion de produire leurs filles et d'arriver peut-être ainsi à les *bien caser*, locution fort usitée en pareil cas, la maîtresse de maison, disais-je, s'est avancée vers nous dès qu'elle nous a aperçus :

« — Ah ! monsieur Ludovic, c'est bien aimable de ne pas nous être venu trop tard.

« — Madame, je vous présente...

« — Monsieur serait bien aimable aussi d'inviter pour cette contredanse une charmante jeune fille que j'aperçois là-bas sur sa banquette.

« Et elle me conduisit immédiatement à la charmante jeune fille. C'était réaliser le dicton si connu : Aussitôt pris, aussitôt pendu.

« Pendant que j'invitais la danseuse désignée et que je cherchais un vis-à-vis, madame D... était retournée vers Ludovic.

« — Et vos autres amis, disait-elle, j'espère qu'ils vont venir?

« — Certainement, madame, certainement, et tous sont dans les conditions exigées par votre programme : Naïveté de la jeunesse; jarret d'enfer; jamais faim ni soif.

« J'avais pris place avec ma danseuse à laquelle sa mère, une femme maigre, coiffée d'un turban, avait crié : « Mathilde, prends garde d'accrocher « ta robe ! » En face de nous figurait un jeune romantique, habit noir, gilet noir très-ouvert et en pointe, pantalon semi-collant s'arrêtant au-dessus de la cheville, cheveux relevés et barbe pointue à la Henri III. Ma danseuse, assez jolie, mais très-gauche, paraissait sortir de pension. Répondant par oui et par non aux banalités que l'on échange d'ordinaire en pareil cas, elle ne me semblait pas susceptible de provoquer un dialogue vif et animé, et, dès-lors, mon attention pouvait sans inconvénients se porter tout autour de moi, mes observations aller leur train. Toutes les variétés de la demoiselle se trouvaient représentées dans ce salon, excepté, bien entendu, la fille du duc et pair. Il y avait là la pensionnaire de quinze ans que les enfants de la maison et tous les collégiens qui honorent la soirée de leur présence ne laissent pas un instant à sa place;

la chercheuse de mari, aux yeux langoureux, pâle, se levant indolemment de sa banquette, cherchant à mettre le plus d'esprit qu'elle peut dans sa conversation avec ses danseurs, et parvenant avec une certaine habileté à leur faire dire, sans qu'ils se doutent du piége, quel lieu habitent leurs parents, s'ils sont rentiers, propriétaires ou fonctionnaires publics, et s'ils passent l'été à la campagne; la virtuose, piano et chant, qui entoure son cou d'une écharpe, afin d'éviter quelque enrouement désastreux; joie et gloire de sa famille, elle ne saurait trop se ménager, car elle fait les délices du faubourg Poissonnière; la *bonne fille*, qui danse comme quatre, rit aux éclats de ce que lui dit son cavalier, le pousse quand il oublie que c'est à lui de figurer, se jette sur les plateaux et renverse les verres de sirop sur elle; la *muse* coiffée en Cérès avec une foule d'épis d'or et d'argent, robe prétentieuse et sale, gants qui ont servi quinze jours; elle se défend de danser, mais finit par accepter l'invitation qu'on lui adresse, ne manque pas de vous demander si vous préférez les *Méditations* aux *Orientales*, et parvient à vous faire savoir qu'elle assistait avec madame Tastu à la dernière représentation de *Marion Delorme*; la *vieille fille*, enfin, type particulier d'aigreur, d'envie et de vanité que le grand Balzac a si profondément étudié, si bien dépeint. Il ne faut que la plaindre, car, après tout, ce n'est pas sa faute.

« Et les femmes mariées? quelles étonnantes variétés dans l'espèce! Mais pourtant ces variétés diverses peuvent et doivent se classer, se grouper, pour mieux dire, par grandes catégories : la femme prude et réellement vertueuse, catégorie assez restreinte, il faut bien l'avouer; la femme qui aime la plaisanterie comme un enfant qui joue avec le feu, mais sans tomber dedans; celle qui, au bal, est toujours suivie des yeux par un monsieur à moustaches et à l'air farouche, qui n'est pas son mari; la dévote qui porte une robe très-montante, mais qui n'en pense pas moins qu'avec le diable il est des accommodements; la grande et maigre dont la toilette excentrique a pour effet de la faire paraître plus longue et plus maigre; la petite femme replète qui se couvre de bijoux et porte un oiseau de paradis. Je ne parle pas des femmes hors d'âge et qui peuvent dire en commençant un récit, comme cette spirituelle vieille : « Dans le temps que j'étais « femme ! »

« Et les hommes ! Ah ! l'on voyait bien qu'une révolution avait passé par là ! Un monsieur, capitaine de la garde nationale, arriva en uniforme, sous le prétexte qu'il était de service et n'avait pas voulu manquer l'invitation ; en réalité, parce qu'il trouvait que l'uniforme l'avantageait et qu'il voulait produire avec éclat ses épaulettes neuves. Les conversations politiques ne faisaient pas défaut et, tout en dansant, j'y prêtais l'oreille.

« — Je vous dis que le licenciement et le désarmement de l'artillerie de la garde nationale amèneront une révolution nouvelle. Bastide et Trélat ne sont pas des gens avec lesquels on puisse jouer ainsi.

« — Allons donc ! vous autres républicains, vous n'êtes qu'une infime minorité au milieu de nous qui sommes disposés à soutenir, quand même, le roi de notre choix.

« — Comme Bourbon?

« — Quoique Bourbon, comme dit M. Dupin.

« — En attendant, prenez garde aux ides de mars. Nous sommes plus forts que vous ne le pensez.

« — Essayez; nous vous recevrons à coups de fusil.

« L'interlocuteur républicain était un grand jeune homme coiffé à la *malcontent*, vêtu d'un habit noir boutonné jusqu'en haut. Le partisan du gouvernement nouveau était un monsieur gros et gras, à figure réjouie, portant un vaste gilet blanc et un habit bleu à boutons d'or.

« D'un autre côté, c'était une conversation artistique; là, on ne parlait pas des ides de mars, mais de l'ouverture en mai du nouveau Salon de peinture. On discutait Ingres, Horace Vernet, Delaroche; on se demandait si leurs œuvres à la future exposition seraient nombreuses; on se prenait aux cheveux à propos de Delacroix, que l'on contestait et que l'on défendait avec une égale ardeur.

« Ailleurs on disait :

« — Il paraît que Balzac prépare un roman qui sera intitulé : *la Peau de chagrin*.

« — Qu'est-ce que cela veut dire, la peau de chagrin ? demanda une grosse dame en minaudant.

« — Parbleu ! reprit un loustic de salon, c'est bien simple, et il fit à cette question une réponse telle que je juge inutile de la reproduire, plaisanterie au gros sel qui annonçait assurément une éducation très-distinguée ou un sans-façon bien grand : elle fut accueillie par des rires approbateurs.

« — Ce diable de Gustave a toujours le mot pour rire, dit un des assistants. C'est égal, ajouta-t-il, je préfère bien Paul de Kock à Balzac. Au moins, avec le premier, on sait tout de suite à quoi s'en tenir, tandis qu'avec l'autre il faut être le plus souvent deux heures à chercher ce qu'il veut dire. Il a surtout de longues descriptions du cœur humain qui sont assommantes. Il emploiera trois pages à vous expliquer comment une femme éternue.

« — J'adore cela, dit un jeune blond.

« — C'est possible; mais je suis désolé de ne pas partager votre avis.

« — Jules Janin va aussi publier *Barnave*.

« — Bar... quoi?

« — Barnave.

« — Ah! ah!... fit l'autre.

« Et il se leva prudemment pour aller à la table d'écarté où on criait : « Un rentrant ! »

« Je me dirigeai aussi de ce côté; la partie semblait animée. Sept ou huit messieurs étaient groupés de chaque côté; il y avait bien, ma foi, trente-cinq francs sur la table.

« — Il manque cinq francs ! cria-t-on.

« — Je les fais ! eus-je l'imprudence de répondre.

« Le mot était à peine lâché que la maîtresse de maison fit signe à son mari, qui avait l'œil sur tout, de venir me relancer.

« — Ah ! jeune homme, me dit-il, ce n'est pas bien de délaisser les dames pour le tapis vert.

« — Mais, monsieur, je ne les ai pas délaissées du tout. Je suis un peu fatigué... voilà la raison.

« La maîtresse de maison intervint.

« — Monsieur, dit-elle, vous n'avez dansé que neuf contredanses, trois valses et deux galops avec mesdemoiselles *** et mesdames ***.

« Je fus épouvanté de cette mémoire spéciale; j'inclinai la tête, et je répondis :

« — C'est vrai, madame.

« — Eh bien! alors, vous ne devez pas vous dire fatigué. A votre âge!

« — Je crois bien, dit le mari, à votre âge, j'en dansais trente sans me sentir aucunement las.

« — Tenez, reprit sa terrible femme, vous voyez bien, là-bas, cette dame avec une robe écarlate? Eh bien! vous me feriez un sensible plaisir en allant l'inviter.

« Pendant ce dialogue, ma pièce de cinq francs avait passé dans le camp ennemi.

« Conduit ou plutôt entraîné par mon bourreau, je me dirigeais vers la dame écarlate. Le monsieur à habit bleu et à boutons jaunes m'arrêta par le bras.

« — Monsieur, il y a un bal au profit des Polonais; vous souscrivez, n'est-ce pas?

« — Eh! monsieur, vous voyez bien que je n'ai pas le temps!

« Ce mot me sauva. Je courus à la danseuse désignée; je la fis figurer avec une ardeur passionnée qui dut bien l'étonner sans doute, mais qui évidemment la charma. Dès que je l'eus ramenée à sa place, je me glissai dans la pièce voisine, sous le prétexte de respirer un peu, et, par le fait, je respirai tout à fait, car je m'élançai à la porte sans être aperçu. Je tendis fébrilement le numéro de mon pardessus à la camériste, qui, pleine d'intérêt pour moi, me crut malade et s'empressa de me le trouver. Comment descendis-je l'escalier? Je n'en sais vraiment rien ; mais ce qu'il y a de bien certain, c'est que le traître Ludovic l'avait descendu avant moi, me laissant dans cet affreux guêpier.

« Voilà, mon cher, nos plaisirs de l'hiver de 1831. *Deus nobis hæc otia fecit.*

« Ma foi, j'appelle *Deus* la révolution de juillet 1830. Je me trouve trop poli; il y a des nuances. »

Cette lettre intime adressée alors à un ami et

pour le sans-façon de laquelle je dois certainement réclamer toute l'indulgence du lecteur, n'en présente pas moins un tableau assez complet des salons de cette époque transitoire.

L'Exposition de peinture, dont on se préoccupait déjà, à bon droit, ne ressembla pas aux Expositions trop multipliées de notre temps actuel. Elle renferma un grand nombre de tableaux et de sculptures hors ligne, et qui sont restés comme des chefs-d'œuvre des maîtres qui les produisirent.

Le gouvernement de la Restauration avait fait beaucoup pour les arts, et, bien conseillé par les hommes spéciaux qui l'entouraient, notamment par le comte de Forbin et M. de Cailleux, M. Sosthènes de la Rochefoucauld, qui avait les beaux-arts dans ses attributions, sut bien distinguer les artistes d'un vrai talent, et eut la main heureuse en fait de commandes ou d'achats. C'était un galant homme dans toute l'extension du terme que cet honnête vicomte Sosthènes de la Rochefoucauld, et il est triste de penser que ses qualités et ses mérites relatifs l'aient moins po-

pularisé que sa fameuse ordonnance sur les jupons des danseuses de l'Opéra. Tel est le monde et sa justice distributive.

Bien traités et largement récompensés par le gouvernement qui venait de tomber, les artistes, à l'exception de quelques enthousiastes, ne virent pas d'abord sans une certaine inquiétude la révolution qui venait ainsi menacer leurs intérêts et, pour un grand nombre, froisser leurs sympathies. Mais le gouvernement nouveau était disposé à suivre les errements de celui qui l'avait précédé; et d'ailleurs, précisément parce qu'il était nouveau, il avait de nombreuses commandes à faire. Ainsi, à l'Exposition de 1831, il y avait une grande quantité de tableaux de circonstance. A celle de 1827, on n'avait vu qu'un seul portrait du roi Charles X; mais, cette fois, on ne comptait pas au Louvre moins de douze portraits du roi Louis-Philippe et de dix bustes de ce prince. M. le duc d'Orléans était également reproduit plusieurs fois, soit en colonel de hussards, soit en artilleur de la garde nationale, le mousqueton à la main. Puis venaient les grandes scènes politiques : Louis-Philippe prêtant serment à la nouvelle Charte; Louis-Philippe passant, en compagnie du général la Fayette, une revue de la garde nationale ; la toile de Delacroix représentant la Liberté guidant le peuple aux barricades ; enfin des scènes épisodiques telles qu'un Bivouac dans la cour du Louvre, l'Enterrement des victimes de Juillet, etc., etc.

Il y avait un contraste assez piquant entre les tableaux de ce genre et ceux qui, commandés par l'ancienne liste civile, reproduisaient des scènes de la Restauration, telles que le Combat de Navarin, la Prise d'Alger, ou le Dévouement de l'héroïque Bisson. D'un côté, le drapeau blanc; de l'autre, l'étendard tricolore qui lui avait si inopinément et si rapidement succédé. Les portraits particuliers présentaient aussi une mêlée assez curieuse : M. de la Fayette, Adolphe Nourrit, quatre fois reproduit; le maréchal Soult, l'avocat Déquevauvilliers, lieutenant-colonel dans la garde nationale; le célèbre Quiroga, Debureau, M. Agier, Labbey de Pompières, madame Anatole de l'Opéra, le comte de Flahaut, mademoiselle Minette, le maréchal Maison, M. Cousin, mademoiselle Léontine Fay, M. de Laborde, le duc de Fitz-James, et tant d'autres bien surpris de se trouver ainsi rapprochés et confondus.

L'Exposition avait été ouverte au mois de mai. Le roi Louis-Philippe la visita plusieurs fois. C'était après quatre heures que ces visites avaient lieu. Le roi, dès le premier jour, parut enchanté et disait à toutes les personnes qui, ministres, généraux ou hauts fonctionnaires, étaient témoins de sa vive satisfaction :

— Vous devez être content ; quelle magnifique Exposition !

Il avait bien raison ; chacun devait ressentir un mouvement d'orgueil national en parcourant ce *Salon* de 1831. On va en juger :

Paul Delaroche, ce peintre sage, habile dans le choix de ses sujets, suffisamment coloriste, suffisamment dessinateur, dont les tableaux iront toujours en augmentant de valeur, Paul Delaroche avait là ces deux charmantes toiles vulgarisées par la gravure et connues sous le nom de *Richelieu* et de *Mazarin*. On sait avec quel esprit de composition, avec quel éclat de couleur ces deux tableaux étaient exécutés. Ils ont passé depuis dans la galerie Pourtalès. Une autre toile fort importante de Delaroche attirait vivement l'attention, et à bon droit, assurément : c'était le *Cromwell* ouvrant le cercueil de Charles I*er*, peinture large, d'un ton vrai, à laquelle on n'aurait pu reprocher qu'un peu de froideur. Cela tenait à ce que l'artiste avait dessiné la figure de son Olivier Cromwell d'après un plâtre moulé sur nature, et que la ressemblance cherchée dans la mort donne toujours un résultat identique, par rapport à la vie, à celui que donnerait le plus beau clair de lune par rapport à la lumière du jour. Delaroche exposait encore cette année-là son charmant tableau des *Enfants d'Édouard*.

Léopold Robert avait au Salon son magnifique tableau des *Moissonneurs*, et jamais peut-être peinture n'avait aussi bien fait comprendre l'Italie que cette toile éclatante avec ses femmes brunes et sévères, ses têtes si expressives, ses terrains calcinés dont les contours se découpaient si nettement sur l'azur du ciel. Ary Scheffer était représenté au Salon par sa splendide *Marguerite*. Horace Vernet exposait, avec une ou deux toiles officielles, le portrait de sa fille, non mariée encore, et qui devait être un jour madame Paul Delaroche. C'était un superbe portrait, exécuté avec un art et un goût infinis, et le peintre y avait habilement surmonté une difficulté suprême, celle de peindre le personnage en pleine lumière, sans ombre aucune.

Depuis, les traits de mademoiselle Horace Vernet, devenue la femme du grand artiste, ont été reproduits sous un costume d'emprunt dans la belle peinture murale de l'hémicycle du palais des Beaux-Arts, ainsi que ceux de son amie d'enfance, la belle et sympathique duchesse de Fitz-James, morte si déplorablement, brûlée, à sa villa de Saint-Germain.

Gudin exposait en 1831 quelques-unes de ses meilleures marines. On admirait alors avec quelle variété de tons il passait du ciel et de la mer d'Afrique aux brumes des climats septentrionaux. Les tableaux du Gudin d'alors ne ressemblaient guère à ceux du Gudin d'aujourd'hui. Il y a pour

LA DUCssE DE BERRI

III

Le parti légitimiste et les châteaux. — Mazarinades du temps. Pélerinages des fidèles en Écosse. — La cour d'Holy-Rood. — Existence de la famille exilée. — Correspondances et offres singulières. — Intrigues. — Opinions personnelles de Charles X et de la Dauphine. — La duchesse de Berry. — Son courage aventureux. — Mission de M. de Blacas. — La duchesse à Bath et à Londres.

La société légitimiste, retirée dans ses terres, et qui n'avait point encore pour occupation les conspirations armées de la Vendée, amusait ses loisirs en frondant et en ridiculisant tout ce qui touchait de près ou de loin au gouvernement nouveau. Voici un assez curieux spécimen de ces plaisanteries de l'époque dont le feu incessant était dirigé sur les fonctionnaires de 1830 :

On avait imaginé de grouper des noms réellement pris sur la liste des 4,997 décorés et médaillés de Juillet, parmi lesquels se trouvaient plusieurs femmes, et d'en faire des phrases de ce genre :

— Caen, Napoléon Gouvernet, Paris, Jacques Publicain, Mutius-Scévola Monchy, Messidor-Brutus Rudeau, Vivion, Tranquille, Cosme, Baptiste, Maix, Carrion-Nysas, Barginet, Mérimés, Chabannes, Onmiz, Lafrance, Amal.

— Oyer, Brayer, Lechanteur, Ducoing, Delavigne, Apollon Buse, Haveck, Mille, Sainsans, Mazet, Anroué, Tubleu, Quay, Lheureux, Acquord.

— Perrier, Malin, Compère, Berne, Girod de l'Ain, Nestor Delafolie, Maix, Seigneur, Casimir, Leblanc, Lerouget, Lebleu, Redouté, Lenoir.

— Autoy, Modeste-Aglaé Pinot, femme Quillet, Simple, Asperge, Verte, Aubin Marie, Hétu, Hébé, Die, Lemoye, Hétu, Houry, Céleste-Aglaé Quillet, née Pinot.

— Quantat, Marguerite Landragin, Lecomte, Sébastiani, Lacharme.

On disait que M. Thiers était un député de poche et que la rue du *Petit-Hurleur* allait prendre définitivement son nom ; qu'il serait surintendant des *menus*, tandis que M. Séné serait préposé à la pharmacie du palais, que M. Barbet garderait la porte, et que le maréchal Lobau (lequel avait récemment dispersé des rassemblements en faisant jouer des pompes) serait investi de la surveillance de tous les jets d'eau des Tuileries ; que les employés de M. Casimir Périer avaient grand soin de ne jamais lui tourner le dos et venaient de signer une pétition pour qu'il ne portât que des pantoufles.

Que M. Barthe se faisait chanter des *Te Deum* pour tenir tête aux *serpents* de l'envie.

Que M. de Schonen, lequel eût été capable, s'il eût vécu de leur temps, de faire *divorcer* Philémon et Baucis, espérait, du moins, à la fin de sa vie, obtenir le paradis... de Mahomet.

Que M. Vigier, à l'occasion de son élection, venait de recevoir d'Angleterre l'ordre du Bain, et que ce jeune député ne comptait parler que sur la dette flottante ; mais que, si le juste-milieu venait à périr, il s'en laverait les mains.

Que le dey d'Alger, en ce moment à Paris, voulant remonter sa maison, avait fait demander à M. Casimir Périer dix députés du centre pour en faire des *muets*.

Que la Chambre se plaignait de ne voir jamais Dupin tendre, et qu'elle préférerait alors qu'il fût plus rassis.

Que le maréchal Mortier ne parviendrait jamais à cimenter l'alliance de la France et de la Russie.

Que l'expédition contre la Hollande à propos de la Belgique ne pouvait avoir rien de sérieux, puisque cela se passait entre la poire et le fromage.

On disait encore une foule de choses de ce genre qui prouvaient que les mazarinades ont toujours été dans le goût français, et c'est ainsi qu'au fond des châteaux et des villes de province la société légitimiste amusait ses loisirs en attendant les grandes aventures et les coups de fusil de la prochaine expédition de la Vendée.

Parfois un membre jeune ou vieux de quelque famille dévouée prenait un passe-port pour l'Angleterre et, de Londres, se rendait en Écosse pour offrir à la famille exilée l'hommage de sa fidélité.

Dans les premiers jours de leur exil, Charles X et la famille royale avaient habité le château de Lulworth. Le gouvernement anglais avait, peu de temps après, mis à leur disposition le vieux palais d'Holy-Rood, séjour triste, mais très-convenable, qui n'avait que le défaut de rapprocher d'une façon trop saisissante les malheurs des Bourbons des malheurs des Stuarts.

Cette résidence royale des souverains écossais, toute remplie encore des souvenirs de l'infortunée Marie, la contrée même dont la belle ville d'Édimbourg forme la capitale, cette Écosse que Walter Scott avait tellement popularisée en France par ses compositions si ingénieusement remarquables, concouraient à donner quelque chose de poétique et de romanesque à ce séjour des descendants de Louis XIV dans un des palais de Jacques II.

Et pour le dire en passant, puisque je viens de parler de sir Walter Scott, l'influence des écrits de ce romancier antiquaire sur la société française fut immense dans les dernières années de la Restauration. Elle fut certainement beaucoup plus grande qu'on ne l'a jamais supposé. La masse d'idées qu'il a, en quelque sorte, imposées à cette époque ou qu'il a refoulées, rend son action d'écrivain très-curieuse à signaler. Ses évocations du moyen âge, ses peintures séduisantes des cours d'autrefois, son goût si vif et si éclairé pour les vieux monuments, les vieux livres, les armures, les costumes, les meubles du passé ont singulièrement influé en France sur le goût en général, sur la littérature et la peinture en particulier. Il est même assez remarquable que l'action de ce grand écrivain se soit fait sentir beaucoup plus chez nous que dans sa propre patrie.

L'Écosse était donc, en France, un cadre très-poétique pour les infortunes des Bourbons. Le fidèle serviteur qui traversait le détroit pour aller saluer ses anciens maîtres, ou le jeune et aventureux légitimiste qui portait à Holy-Rood ses espérances et ses serments, admirait tout d'abord, en arrivant à Édimbourg, la situation pittoresque, les architectures diverses, les vestiges des vieux temps et les splendeurs modernes qui font une ville à part de la capitale de l'Écosse.

Puis il se dirigeait vers le but de son pèlerinage, vers ce bâtiment d'une apparence un peu claustrale, dont la façade était ornée de quatre tours groupées deux par deux à ses extrémités. C'était de onze heures à midi qu'avaient lieu les réceptions des étrangers qui avaient demandé audience. Le roi Charles X vivait à Holy-Rood comme un gentilhomme vivrait dans sa terre. Ses appartements personnels étaient situés au premier étage du vieux palais. Après avoir traversé un vestibule assez vaste conduisant à la chapelle, puis une galerie et une salle de billard, on arrivait à une pièce assez sombre, garnie d'une table ovale et de siéges très-simples : c'était la salle à manger ; et cette pièce communiquait à un grand salon dont l'ameublement tout aussi simple lui donnait l'apparence du parloir d'un *gentleman farmer* des comtés. C'était là que le roi recevait ses visiteurs, et aussi que la famille royale se réunissait après le dîner jusqu'à dix heures, moment précis de la retraite.

Charles X était ordinairement vêtu d'un frac bleu sans aucun insigne. Un pantalon de drap foncé et un gilet blanc complétaient son costume. Il n'avait rien perdu dans l'exil de la grâce et de la dignité qui ne lui ont jamais été contestées. Aucune trace de regret ou d'amertume n'apparaissait sur son visage, et jamais non plus le plus petit mot d'aigreur contre les hommes ou contre les choses ne s'échappait de sa bouche.

Il disait volontiers aux Français qui venaient le visiter (et c'était la sincère expression de sa pensée) :

— J'aurais cru manquer à moi-même comme aux Parisiens en prenant, pour la promulgation des ordonnances, des précautions que je regardais comme inutiles ; rien ne m'a plus étonné que cette opposition formidable, et je ne pouvais me persuader qu'elle durât. Je n'ai jamais eu l'intention de renverser la Charte, non-seulement parce que je l'avais jurée, mais encore parce que je voyais fonctionner avec plaisir les institutions qu'elle avait fondées. C'est même la crainte que ces institutions ne fussent faussées par les prétentions omnipotentes de la Chambre des députés appuyées par une presse très-violente qui m'a fait exécuter ce que l'on a nommé un coup d'État. Je ne voulais, par une nouvelle loi électorale et par des mesures restrictives contre la presse, qu'empêcher l'empiétement de la Chambre des députés sur la Chambre des pairs et sur moi-même. Si j'avais réussi, on l'aurait bien vu. Aujourd'hui même, je ne me reproche qu'une chose, c'est ma trop grande confiance.

Tel était le résumé des conversations du roi proscrit.

Le Dauphin, tout aussi résigné que son père, pour lequel il avait un respect filial des plus touchants, ne laissait jamais, lui non plus, échapper une parole d'aigreur, un murmure contre les hommes ou contre la destinée. Il lui arrivait même assez souvent, dans l'impartiale abnégation qui le caractérisait, de rappeler complaisamment, en causant avec des visiteurs, les mérites de certains officiers, jadis ses favoris, et qui n'avaient même pas attendu qu'il fût sorti de France pour aller offrir leur épée au gouvernement nouveau.

La Dauphine, cette martyre de nos révolutions, que l'on se plaisait, en France, à représenter comme une femme vindicative et pleine de fiel, puisait, au contraire, dans ses sentiments profondément religieux une sérénité pleine de douceur et l'oubli chrétien des grandes comme des petites injures.

La duchesse de Berry (je parlerai d'elle tout à l'heure) n'avait séjourné que quelques semaines, et dans les premiers temps de l'exil, à Holy-Rood, séjour dont elle ne pouvait supporter la tristesse et la monotonie. Les deux enfants, Mademoiselle, depuis duchesse de Parme, et M. le duc de Bordeaux, ressentaient matériellement la différence de situation qui leur avait été faite, mais ne laissaient jamais échapper la moindre plainte. Le jeune prince, dont l'éducation historique et littéraire était confiée à un homme instruit, M. Barande, avait pour gouverneur le baron de Damas. Il recevait des leçons religieuses de l'abbé de Méligny, écrivait et parlait déjà plusieurs langues, apprenait le dessin sous la direction de M. d'Hardivilliers, enfin montait tous les jours à cheval, faisait des armes et tirait le pistolet, exercices destinés à lui donner de la force, tout en stimulant son adresse naturelle. Son éducation était alors très-intelligemment dirigée. Plus tard, après l'expédition de madame la duchesse de Berry dans la Vendée et sa captivité au fort de Blaye, lorsque la famille royale, retirée en Bohême, semblait accablée par ses nouveaux malheurs, la trop habile compagnie de Jésus a cherché à placer un de ses membres auprès du jeune prince. Mais le professeur jésuite, homme fort savant du reste, qu'elle était parvenue à faire agréer, ne resta que deux mois auprès de son royal élève.

Le soir, la famille exilée se rassemblait, après un dîner auquel le roi invitait d'ordinaire deux ou trois étrangers, dans le grand salon dont j'ai parlé. Le roi faisait son whist, jeu qu'il affectionnait beaucoup, ou quelquefois passait dans la salle de billard, et y faisait quelques parties avec M. le Dauphin. Dans le salon, le duc de Bordeaux et Mademoiselle se livraient à des jeux de leur âge, tandis que la Dauphine, assise avec ses dames autour d'une table ronde, travaillait à des ouvrages d'aiguille.

Aucune étiquette ne régnait dans ce cercle, et la conversation, à laquelle les invités prenaient part en toute liberté, se généralisait souvent. A dix heures, comme je l'ai dit, tout le monde se retirait.

Une calèche louée au mois et trois chevaux de selle composaient les équipages et l'écurie des princes exilés. Leur suite, relativement assez nombreuse, car ils n'avaient point voulu abandonner des gens qui ne les abandonnaient pas, se composait, en hommes et en femmes, d'une quarantaine de personnes. C'était une de leurs plus lourdes charges.

Rien de plus curieux, de plus instructif surtout, que les rapports et les correspondances échangés entre la famille royale et ses partisans de France, ou, pour parler plus exactement, provoqués par eux.

Ainsi le fameux Dubourg, héros de Juillet, bien connu pour s'être improvisé général et avoir, en cette qualité, revêtu de l'uniforme, conduit le peuple contre la garde royale, mécontent d'avoir été mis de côté par le nouveau gouvernement auquel il demandait un emploi, écrivait à Holy-Rood pour proposer de rallier tous ses amis républicains à la cause de Henri V, offrant, à la fin de sa lettre, de se rendre personnellement à Dieppe, point de débarquement, pour poser lui-même la planche d'abordage sous les pieds du jeune héritier du trône.

Certain personnage qui avait marqué sous le premier Empire avait dépêché en Angleterre un agent chargé d'offrir ses services aux princes exilés pendant que, d'un autre côté, il se mettait aux ordres des membres de la famille Bonaparte. Il est devenu pair de France sous Louis-Philippe.

De vieux serviteurs écrivaient pour donner des conseils, énumérer les fautes commises, offrir leurs bras et leurs fortunes, bras usés, fortunes délabrées. D'autres expédiaient des plans de conspiration, des listes de conjurés inconnus, et garantissaient le succès ; mais, avant tout, ils demandaient de l'argent.

Il s'est trouvé un ancien fonctionnaire qui a eu l'impudeur d'écrire à un des familiers du roi :

« Je suis sans argent et sans place ; ma position dans le gouvernement de Charles X m'a permis de connaître une foule de choses secrètes, et les libraires achètent très-cher le scandale, parce que cela se vend bien. Si l'on ne m'envoie pas vingt-cinq mille francs dont j'ai absolument besoin, je me verrai forcé d'avoir recours à cette ressource et de divulguer beaucoup de secrets politiques qui édifieront les gouvernements étrangers. »

Ces correspondances de toute nature, ces offres, ces conseils, ces plans, laissaient très-froids et très-indifférents les princes exilés. Jadis, durant les années de la République, du Consulat et de l'Empire, ils avaient été à même d'apprécier tous ces projets irréalisables, tous ces dévouements véritables, mais souvent aveugles. Ils étaient, pour ainsi dire, blasés sur la situation particulière que le malheur a fait de tout temps aux princes détrônés. On répondait à tout avec une grande politesse, en s'attachant à ne mécontenter, à ne froisser personne, mais d'une façon qui, au contraire, pût, dans une certaine mesure, coïncider avec les idées émises par chacun.

Ce n'était pas que Charles X, son fils et la Dauphine n'eussent à certains égards des idées très-arrêtées. Ainsi le roi, frappé des embarras et des difficultés dans lesquels se trouve naturellement jeté un gouvernement restauré par l'intervention étrangère, n'admettait pas le concours des souverains qui avaient participé aux traités de Vienne. Il comprenait que c'était en France même qu'un mouvement d'opinion devait se manifester, s'il y avait lieu, en faveur de l'idée légitimiste. Lorsqu'on lui parlait de guerre civile et qu'on lui développait des plans de campagne dans la Vendée ou dans le Midi, il ne les repoussait pas *a priori* par une sorte d'aversion pour les luttes intestines, mais il objectait avec raison qu'à notre époque, et avec la force gouvernementale de la centralisation, une guerre civile, en supposant qu'on pût l'entreprendre, serait très-probablement impossible à soutenir. Le triomphe d'une émeute dans Paris lui semblait plus facile (la suite lui a donné raison), et alors il ne s'agirait que de savoir en profiter. La grande émeute des 5 et 6 juin le frappa beaucoup en le confirmant dans son opinion.

Mais madame la duchesse de Berry ne pensait pas aussi sagement, et son abnégation était moins grande. C'était un caractère et une individualité complétement à part au milieu de la famille exilée. Regrettant qu'on ne l'eût pas laissée se présenter aux Parisiens le 30 juillet 1830 pour réclamer d'eux la couronne de son fils, elle brûlait d'impatience d'opérer une tentative à laquelle la conviaient bien des conseils téméraires et de se mesurer, pour ainsi dire, avec la destinée. Elle se rendit à Bath, sous le prétexte d'y prendre des bains de mer, mais, en réalité, pour y conférer avec ses partisans et y préparer l'expédition qu'elle projetait. Cette princesse avait un caractère entreprenant, le courage d'un homme et des vues politiques d'une hardiesse qui en font un personnage historique d'une grande importance relative. La petite cour d'Holy-Rood n'avait pas vu sans regrets et sans appréhensions l'éloignement de madame la duchesse de Berry, car elle connaissait l'esprit romanesque qu'elle apportait dans les plus sérieuses combinaisons de la politique. Le duc de Blacas reçut de Charles X la mission assez difficile de suivre les traces de la duchesse et de s'opposer dans la mesure de ses forces à « la politique d'aventures » que l'on redoutait de la part de l'intrépide mère du duc de Bordeaux. Mais M. de Blacas, découragé, ne tarda pas à revenir auprès de son vieux maître.

Au printemps de 1831, un grand nombre de Français se rendaient individuellement à Bath ; et voici ce qu'écrivait un des plus spirituels visiteurs de la courageuse et romanesque princesse :

« A Bath, c'est encore la France qu'elle cherche, l'auguste exilée ! Force lui a bien été de fuir quelque temps le ciel froid et pluvieux d'Édimbourg. Elle est donc venue sous ce ciel meilleur, aussi beau pour elle que le ciel d'Italie, moins beau que celui de France! A Bath, la duchesse est l'objet de tous les respects et de toutes les sympathies. Nous avons voulu, nous aussi, lui présenter nos hommages. Le matin, au commencement d'une belle journée, habillés de notre mieux, en voyageurs cependant, nous nous rendions à la maison de Madame, car elle n'a plus de palais, dans Johnston-Street. Nous étions entrés dans la rue qu'elle habite, et déjà nous cherchions le numéro de son hôtel, quand tout à coup, appuyée sur un balcon et la tête penchée vers la rue, dans toute la fraîche simplicité d'une toilette du matin, nous apercevons une jeune personne que nous saluons involontairement. Figurez-vous, mon ami, que c'étaient les cheveux en bandeaux, la tête enfantine et le calme sourire de Mademoiselle elle-même; oui, elle-même; et si nous n'avions pas laissé Mademoiselle à Holy-Rood, nous n'en aurions fait aucun doute. Eh bien, cette femme penchée, l'œil fixé sur nous, Français, c'était sa mère; c'était Madame, et, à notre vue, elle donna des ordres pour qu'on nous introduisît près d'elle, après quoi elle nous salua de la main, puis elle vint au-devant de nous, bonne et vive comme toujours. Et que vous dirais-je? Mille questions de patrie, d'art et d'amitié : Que fait-on dans notre France? l'Exposition est-elle belle cette année? et nos pauvres amis isolés? Elle nous parla d'elle-même, de ses enfants, de tout l'exil d'Holy-Rood. On n'est pas femme, on n'est pas Française comme cela!

« Quand nous eûmes bien parlé et bien répété, mais surtout bien entendu les choses du cœur qui ne se rapportent pas, nous visitâmes la maison, véritable maison anglaise dont vos républicains ne voudraient pas. La maison est étroite, petite; et, si elle est élégante, elle le doit à la présence de Madame. La maison se compose de deux étages et de six pièces, deux au rez-de-chaussée, deux au premier, deux au second; il y a loin de là au pavillon de Flore. La suite de la duchesse répond à l'habitation : le tout se compose de madame de Bouillé, d'une seule femme de chambre, d'un valet pour écrire et d'un autre pour faire la cuisine, car on ne peut pas appeler cela un cuisinier, à peine en a-t-il le tablier et le bonnet.

Mais qu'importe tout cela, pourvu que les pauvres de France doutent encore de son départ ; pourvu qu'on ne ferme pas son hôpital de Rosny; pourvu que ses serviteurs ne soient pas réduits à la triste position des serviteurs de Marie Stuart. Ainsi, pour la simplicité, la grâce franche et loyale, les tendres souvenirs, l'amour de la patrie d'adoption, le soin de l'indigence, pour toutes les vertus qui l'ont rendue si chère, madame la duchesse de Berry n'est pas changée. Mais pour la gaieté si vive, les saillies siciliennes et françaises en même temps, ce n'est plus la même. La princesse est grave et pensive. Elle se souvient que le malheur est celui de tous les rois de ce monde qui a le plus besoin de dignité. Une grande pensée, je ne sais laquelle, occupe son âme; elle a cessé d'être celle que nous suivions des yeux dans nos promenades, dont nous adoptions toutes les modes, que nous applaudissions à son théâtre, le premier qui l'ait injuriée : c'est une sévère femme qui veut croire à un avenir meilleur, parce qu'elle est mère d'un enfant qui s'appelle Henri. En un mot, ce n'est plus Jeanne d'Albret, c'est Marie-

Thérèse et Blanche de Castille; le ciel lui soit en aide au milieu de tant d'ingratitudes, de trahisons, de calomnies et de malheurs. »

Le ciel ne vint pas en aide à la courageuse mais romanesque princesse. Des amis imprudents la poussaient à cette expédition de la Vendée dont les principaux épisodes furent le combat du Chêne, la défense de la Penissière et la prise de la duchesse à Nantes, dans la maison de mesdemoiselles du Guigny. Un détail bien curieux de ces événements qui semblent déjà si loin de nous, bien qu'ils ne datent que de trente-cinq ans, c'est qu'au nombre des combattants de la Pénissière se trouvait un des plus hauts dignitaires du second Empire, lequel cherchait alors sa voie et qui a fini par la rencontrer.

Les imprudents conseillers dont je parlais tout à l'heure avaient décidé la duchesse à emprunter des sommes considérables, en engageant les propriétés qui lui restaient encore, pour couvrir les frais de l'expédition projetée. C'était à Londres que devaient être pris les derniers arrangements relatifs à cet emprunt. Madame y fut conduite et

Mais qu'importe tout cela, pourvu que les pauvres de France doutent encore de son départ; pourvu qu'on ne ferme pas son hôpital de Rosny; pourvu que ses serviteurs ne soient pas réduits à la triste position des serviteurs de Marie Stuart. Ainsi, pour la simplicité, la grâce franche et loyale, les tendres souvenirs, l'amour de la patrie d'adoption, le soin de l'indigence, pour toutes les vertus qui l'ont rendue si chère, madame la duchesse de Berry n'est pas changée. Mais pour la gaieté si vive, les saillies siciliennes et françaises en même temps, ce n'est plus la même. La princesse est grave et pensive. Elle se souvient que le malheur est celui de tous les rois de ce monde qui a le plus besoin de dignité. Une grande pensée, je ne sais laquelle, occupe son âme; elle a cessé d'être celle que nous suivions des yeux dans nos promenades, dont nous adoptions toutes les modes, que nous applaudissions à son théâtre, le premier qui l'ait injuriée : c'est une sévère femme qui veut croire à un avenir meilleur, parce qu'elle est mère d'un enfant qui s'appelle Henri. En un mot, ce n'est plus Jeanne d'Albret, c'est Marie-

Thérèse et Blanche de Castille; le ciel lui soit en aide au milieu de tant d'ingratitudes, de trahisons, de calomnies et de malheurs. »

Le ciel ne vint pas en aide à la courageuse mais romanesque princesse. Des amis imprudents la poussaient à cette expédition de la Vendée dont les principaux épisodes furent le combat du Chêne, la défense de la Penissière et la prise de la duchesse à Nantes, dans la maison de mesdemoiselles du Guigny. Un détail bien curieux de ces événements qui semblent déjà si loin de nous, bien qu'ils ne datent que de trente cinq ans, c'est qu'au nombre des combattants de la Pénissière se trouvait un des plus hauts dignitaires du second Empire, lequel cherchait alors sa voie et qui a fini par la rencontrer.

Les imprudents conseillers dont je parlais tout à l'heure avaient décidé la duchesse à emprunter des sommes considérables, en engageant les propriétés qui lui restaient encore, pour couvrir les frais de l'expédition projetée. C'était à Londres que devaient être pris les derniers arrangements relatifs à cet emprunt. Madame y fut conduite et cachée à tous les yeux dans une petite maison isolée, et personne, pas même les exilés d'Holy-Rood, en dehors des membres du comité qui l'entourait, ne parvint à savoir ce qu'elle était devenue jusqu'au jour fixé pour l'embarquement. Ce fut ainsi que se trouvèrent tout à la fois déjouées les précautions de la police française et la surveillance paternelle du roi Charles X.

Mme DE STAEL

IV

L'Abbaye-aux-Bois. — Sa fondation. — Ses vicissitudes. — L'abbé Maury. — Un bon mot de madame de Brancas, duchesse de Céreste. — Madame Récamier. — Son salon. — MM. de Chateaubriand, de Lamartine, Balzac, Villemain, Ampère, Ballanche, Briffault, Lebrun, de Kératry. — Groupe d'écrivains, d'hommes politiques et de journalistes du temps.

Il y avait pourtant, à Paris, en dehors de la société bruyante et militante, certains salons permanents, calmes et, pour ainsi dire, inaccessibles aux grandes émotions mondaines, sur lesquels les révolutions, les émeutes et les guerres civiles ne pouvaient avoir qu'une influence lointaine et qu'une action de contre-coup.

De ce nombre était celui de madame Récamier, à l'Abbaye-aux-Bois.

Un soir, durant ma première année de quartier latin, étant venu faire visite à l'une de mes tantes qui habitait le faubourg Saint-Germain, je la trouvai se disposant à se rendre, ainsi que sa fille, à l'Abbaye-aux-Bois. Elle connaissait une dame anglaise qui s'y était retirée et avait elle-même de fréquents rapports avec la célèbre madame Récamier. C'était chez cette dernière que ma tante devait retrouver son amie.

Comme elle ne pouvait me recevoir, la voiture étant déjà à la porte, et que, d'ailleurs, j'étais moi-même en toilette du soir, ma tante me proposa de l'accompagner à l'Abbaye-aux-Bois : ce que j'acceptai avec empressement, curieux, comme je l'ai toujours été, de voir de près les choses et les hommes en renom.

L'Abbaye-aux-Bois, située, comme on sait, à l'entrée de la rue de Sèvres, dans un quartier jadis très-isolé et désert, a été fondée par saint Bernard et dépendait de l'abbaye de Clairvaux. Ses deux dernières abbesses, avant la révolution de 1789, furent mesdames de Richelieu et de Chabrillant. Lorsque l'empereur Napoléon Ier favorisa le rétablissement en France des maisons religieuses, l'Abbaye-aux-Bois fut une des premières reconstituées par les soins et sous la direction de madame de Navarre, qui en fit une maison d'éducation pour des jeunes filles appartenant à des familles distinguées. C'était d'elle que le cardinal Maury, homme d'esprit, comme l'on sait, disait un jour : « Quand madame de Navarre est dans son jardin, entourée de ses religieuses et de ses jeunes filles, il me semble que je vois Calypso au milieu de ses nymphes. »

Ce nom du cardinal Maury qui n'était autre que le célèbre abbé Maury de la Constituante, me rappelle, en passant, une petite anecdote.

Un soir, aux Tuileries, après un cercle impérial, le cardinal s'approchant du buffet et ne se souvenant probablement plus que l'on était un vendredi, se fit servir du pâté de gibier et de la galantine. Près de lui se trouvait une dame de petite taille, légèrement contrefaite, mais dont l'esprit et les mordantes saillies avaient une réputation quasi européenne, car toute l'Europe passait alors par la cour de Napoléon Ier. C'était madame de Brancas, duchesse de Céreste.

— Voilà, dit-elle à haute voix, ce qui s'appelle pratiquer les libertés de l'Église gallicane.

L'empereur entendit le mot.

— Est-ce que madame de Brancas, dit-il, réclamerait la liberté d'aller dans ses terres?

L'effet, cette fois, ne suivit pas la menace. Mais il ne fallait pas s'y fier, témoin ce qui advint à l'illustre madame de Staël.

Madame Récamier avait voulu accompagner son amie au château de Coppet, lieu de son exil, et cet acte de dévouement lui valut une disgrâce qui, pendant sept longues années, la tint éloignée de son pays. Elle avait enfin obtenu d'habiter Lyon, sa ville natale, où ses amis de Paris se rendaient, pour la voir, comme en pèlerinage.

— Vous devez vous ennuyer? lui disait-on.

— Je ne m'ennuie jamais, répondait-elle; je reçois des lettres de mes amis, je leur réponds, je pense à eux. Puis, quelquefois le courage faillit, et je pleure... Vous voyez que je n'ai pas le temps de m'ennuyer.

Ce ne fut qu'après la chute de l'Empire que madame Récamier rentra dans Paris, et peu de temps s'écoula avant qu'elle vint s'installer à l'Abbaye-aux-Bois, dernier refuge auquel, battue par tant d'orages et après une existence plus brillante qu'heureuse, cette charmante femme vint, à la fin de sa vie, demander un peu de repos. Elle habita d'abord un petit appartement au troisième étage dont les étroites fenêtres se faisaient voir au-dessus des croisées du grand escalier; et bientôt cette modeste retraite fut littéralement assiégée par tout ce que Paris comptait d'illustrations en tout genre, terrain neutre où toutes les opinions se rencontraient, où Chateaubriand coudoyait M. de Kératry, et Mathieu de Montmorency Benjamin Constant.

Quelques années plus tard, madame Récamier occupait un appartement un peu plus vaste et plus commode à cette Abbaye-aux-Bois dont sa présence avait rendu le renom européen. Beaucoup de ses anciens amis n'existaient plus alors;

mais elle avait su s'en faire de nouveaux, et son salon était assurément l'un des plus intéressants de Paris. D'autres petits cénacles s'étaient groupés autour de ce grand centre intellectuel à l'Abbaye-aux-Bois. C'étaient le salon de madame d'Hautpoul, qui avait des prétentions littéraires, et celui beaucoup plus grave que tenaient en commun deux amies, madame de Séran et madame de Gouvello : centre où se réunissait un assez grand nombre d'ecclésiastiques distingués, appartenant à toutes les paroisses du faubourg Saint-Germain. Madame Eugène d'Hautefeuille présidait aussi de petites réunions consacrées à des lectures de productions nouvelles; mais rien ne pouvait approcher, comme intérêt et importance, des soirées de madame Récamier.

Ce ne fut pas sans une certaine émotion que je franchis le seuil de ce salon célèbre, et mes regards se portèrent immédiatement vers la maîtresse de maison, dont la célébrité était bien de nature à concentrer, en effet, la curiosité ardente d'un débutant dans la vie du monde.

Au centre de l'appartement et dans un fauteuil

à dossier élevé, madame Récamier était assise, entourée de quelques femmes, mais d'un nombre beaucoup plus grand d'hommes, assis comme elle ou causant debout, et dont les groupes se prolongeaient jusqu'à la cheminée sur le marbre de laquelle plusieurs étaient appuyés.

Je fus d'abord, je dois le dire, un peu désappointé : le renom de beauté dont avait joui et dont jouissait presque encore madame Récamier m'avait fait supposer qu'elle conservait des vestiges éclatants de cette beauté spéciale et hors ligne dont nous avaient entretenus deux générations d'admirateurs; je vis dans ce fauteuil, sur lequel mes regards s'étaient avidement portés, une assez petite et mince vieille femme, toute de blanc habillée, dont les traits extrêmement fins semblaient avoir eu beaucoup de régularité, mais ne conservaient, par le fait, aucune trace de cette beauté traditionnelle que j'avais espéré y trouver encore. J'ajouterai que pourtant une sorte de grâce languissante distinguait à un haut degré ce que je nommerai cette *apparition* d'un autre temps; et qu'elle eût suffi, quand même toutes les attentions et tous les yeux ne se fussent point concentrés sur la maîtresse de la maison, pour désigner sur-le-champ à l'observateur la déesse aimée (comme eût dit M. de Jouy) dont le temple attirait encore tant d'adorateurs et tant d'hommages.

Mes souvenirs me rappelèrent aussitôt, du reste, que les contemporains de jeunesse de madame Récamier, dont les récits et les éloges l'avaient tellement popularisée, ont toujours beaucoup plus parlé de sa distinction et de sa grâce que de sa beauté.

La grâce avait survécu.

A côté d'elle, sur un fauteuil adossé, pour ainsi dire, au sien, était un homme dont l'âge avancé ne pouvait en quelque sorte pas être appelé vieillesse, tant ses yeux avaient encore de feu, et sa physionomie d'énergie apparente. Ce personnage, aux épaules larges, à la charpente corporelle osseuse comme les vieux Celtes, à la tête carrée, un peu chauve, aux traits anguleux, portait un nom dont le prestige ne sera pas de longtemps effacé.

C'était Chateaubriand.

A part ses œuvres que j'avais dévorées, je ne connaissais de lui que le portrait qui le représente méditant dans la Campagne de Rome et appuyé sur quelques débris tapissés de feuillage. Je ne pense pas que ce portrait ait jamais été très-ressemblant. Chateaubriand avait une de ces têtes dont l'expression, difficile à rendre, fait le désespoir des peintres. Je ne l'aurais pas reconnu si on ne me l'avait désigné. Il est vrai que les grands troubles de la vie apportent aussi de grands troubles dans notre pauvre nature humaine, et produisent souvent sur elle plus de ravages encore que les années.

M. de Chateaubriand était alors dans cette phase toujours militante de sa vie où il s'efforçait de rétablir avec sa plume ce que sa plume elle-même avait un instant contribué à ébranler, ce qu'une révolution soudaine avait renversé. Saisi de dégoût et de tristesse, il avait d'abord résolu d'aller finir sa vie comme il l'avait commencée, sur les chemins du monde; « car, disait-il, refusant mon assentiment à l'ordre de choses actuel, je ne suis plus qu'un ilote à Lacédémone. » Presque tous les journaux avaient témoigné de son absence des regrets dont il s'était senti honoré et touché. Béranger lui avait adressé ces strophes :

> Chateaubriand, pourquoi fuir ta patrie,
> Fuir notre amour, notre encens et nos soins?
> N'entends-tu pas la France qui s'écrie :
> Mon beau ciel pleure une étoile de moins!
>
> Où donc est-il? se dit la tendre mère.
> Battu des vents que Dieu seul fait changer,
> Pauvre aujourd'hui comme le vieil Homère,
> Il frappe, hélas! au seuil de l'étranger.

Et Chateaubriand répondait au poëte : « Vous me conjurez de m'attacher au peuple qui « m'empor- « tait dans ses bras vainqueur aux barricades. » Ah! c'est l'heure illustre de ma vie! aussi ce peuple, je le servirai toujours; c'est pour lui, pour son honneur, pour sa prospérité, pour sa liberté, que je donnai ma voix à la couronne d'un enfant lorsque j'exerçai ma part de souveraineté indivi- duelle..... Comment serais-je invulnérable à la flatterie d'une muse qui a dédaigné de flatter les rois? Quand cette muse me *somme d'un prompt retour*, je me sens très-disposé à la suivre dans son temple, c'est-à-dire dans ma patrie. »

Chateaubriand revint à Paris, en effet, et, fidèle à tous ses souvenirs, il visita souvent, à l'Abbaye-aux-Bois, le salon de son amie. De temps en temps il lançait une de ses éloquentes brochures en forme de protestation au nom du principe de la légitimité, dont l'apparition était un événement littéraire tout autant que politique. Ces luttes de la plume et la dernière mission de famille qu'il accomplit auprès du roi Charles X en Bohême, mission qu'il a si bien racontée dans les *Mémoires d'outre-tombe*, furent les derniers actes publics de sa vie si bien remplie.

Souvent aussi, de concert avec madame Récamier, il complottait des actes de charité privée, et un grand nombre de bonnes actions ont été dues à cette collaboration anonyme. Ce fut à elle que le jeune Thémistocle Canaris, fils du célèbre amiral grec, fut redevable de recevoir une éducation civilisée. C'était ce même enfant qui, dans les premiers temps de sa présence à Paris, avait un jour excité une hilarité générale chez madame

Récamier, en montrant le poing avec fureur au portrait de madame de Staël, laquelle y était représentée coiffée du traditionnel turban, et en s'écriant : « Oh! le vilain méchant Turc! »

Autour de M. de Chateaubriand se groupaient beaucoup d'écrivains d'un talent plus ou moins célèbre, d'un renom plus ou moins grand. C'étaient M. Villemain, aux épaules voûtées et un peu contrefaites, au sourire sarcastique, dont l'esprit si lucide devait un seul jour, succombant au travail et aux veilles, être vaincu par les fantômes d'une imagination surexcitée[1], pour reprendre plus tard, avec toute sa sérénité, une grande partie de sa puissance; M. Ampère, l'ingénieux et savant chercheur des lois et de la littérature scandinaves, esprit fin, gaieté naïve, qui

[1] Un jour, alors qu'il était ministre de l'instruction publique, M. Villemain, venant aux Tuileries pour son travail hebdomadaire avec le roi, entra dans le cabinet de Louis-Philippe en disant d'un air égaré : « Ils me poursuivent, ils me poursuivent, ils sont là! — Qui cela? demanda le roi très-étonné. — Les jésuites, les jésuites! ils sont là dans l'escalier! » Louis-Philippe le regarda avec douceur, et, au bout de quelques instants, lui dit : « Vous êtes fatigué, Villemain, il faut aller vous reposer chez vous. Allez mon ami, allez. » Deux jours après, son portefeuille était confié à M. de Salvandy.

s'intéressait à un conte d'enfant comme à la *saga*
la plus curieuse et la plus émouvante, pour lequel
on semblait avoir écrit :

> Si *Peau-d'Ane* m'était conté,
> J'y prendrais un plaisir extrême.

Ballanche, l'auteur d'*Antigone* et de *la Palingéné-
sie*, qui n'était plus à cette époque qu'un vieillard
très-cassé, mais dont le bon sourire trahissait encore la noble et belle intelligence ; l'académicien
Briffault, maigre, mince, usé par la vie plus que
par le temps, représentant un peu dans sa haute
cravate blanche le « héron au long bec emman-
ché d'un long cou » du fabuliste ; homme d'esprit
et de grand sens, d'ailleurs, qui vivait tranquillement sur sa réputation, sans que personne se
rappelât avoir lu quelque chose de lui ; Lebrun,
autre académicien, auteur des tragédies de *Marie
Stuart* et du *Cid d'Andalousie*, nature honnête,
réservée, pleine de convenance et destinée à faire
un pair de France en opposition avec celle plus
fougueuse de Victor Hugo ; Alexandre Duval, leur
confrère, dont l'esprit, assez vulgaire en somme,

avait de temps en temps des éclairs de franche gaieté domestique et des inventions de bon aloi ; Kératry, auteur du *Dernier des Beaumanoir* et des *Théories du beau* ; Artaud le lettré, Dugas de Montbel qui s'était efforcé de prouver qu'Homère n'avait jamais existé ; l'éminent critique Delécluze, le mordant Delatouche qui n'a jamais été mieux inspiré qu'en popularisant, en révélant, pour ainsi dire, les poésies d'André Chénier ; et le piquant trio de Bertin (des *Débats*), Genoude (de la *Gazette de France*) et Norvins (de l'*Histoire de Napoléon*).

Lamartine, alors dans toute sa gloire d'écrivain, couronne d'or qu'il n'avait pas encore échangée contre la couronne de clinquant que devait plus tard lui décerner la politique, MM. de Sainte-Aulaire et de Barante paraissaient aussi de temps à autre dans le salon de madame Récamier, ainsi que le baron de Humboldt pendant les séjours qu'il faisait à Paris.

Puis venait une pléiade d'écrivains plus jeunes de réputation et d'années, tels que Saint-Marc-Girardin, Gustave Drouineau, Lesguillon, Édouard d'Anglemont, à la tête desquels, et tout à fait hors ligne, il convient de placer le grand Balzac, alors à peine âgé de trente ans, déjà très-connu, mais ne jouissant pas encore de la juste célébrité qui devait un jour entourer son nom, figure rabelaisienne de moine tourangeau, cheveux noirs, yeux noirs pleins d'éclairs, bouche sarcastique aux lèvres épaisses et sensuelles, le plus profond de nos romanciers modernes et l'un des plus grands observateurs de la nature humaine qui se soient jamais produits.

Deux femmes auteurs avaient également paru chez madame Récamier, et citer leurs noms c'est indiquer leur valeur : l'une se nommait Élisa Mercœur, l'autre Delphine de Girardin !

D'ordinaire, un groupe assez nombreux d'hommes politiques, d'artistes et de gens du monde encadraient, pour ainsi dire, toutes ces illustrations de la littérature. Il se composait du chancelier Pasquier, du premier président Séguier, de M. de Montlosier, du duc de Doudeauville, de MM. Anatole de Montesquiou, chevalier d'honneur de la reine, Edgard de Sabran, Augustin

CHATEAUBRIAND

V

L'Opéra, terrain neutre pour tous les partis. — Sa prospérité de 1832 à 1836. — Opinion de Saint-Évremond sur l'Opéra. Le passé de l'Opéra en France. — Son histoire. — L'Opéra sous Louis XIV, sous Louis XV, sous la République, l'Empire et la Restauration. — Grands artistes de toutes les époques. l'Académie royale de musique sous Louis-Philippe. — Mot du duc de Choiseul. — Le Théâtre-Français. — Les petits théâtres. — Leur vogue. — La jeunesse élégante. — Anecdote sur le duc d'Orléans et le prince de Joinville.

L'Opéra a été extrêmement brillant et très-fréquenté de l'hiver de 1832 à celui de 1836. Ce fut pour ce théâtre une période glorieuse et fructueuse à la fois qui ne s'est point reproduite depuis avec les mêmes proportions et qui, dans les annales de ce théâtre, marque une ère exceptionnelle de force et de prospérité.

Terrain neutre où toutes les sociétés comme toutes les opinions pouvaient convenablement se rencontrer, l'Opéra réunissait les notabilités de tous les partis, les élégances de tous les rangs. Ministres, pairs, députés, diplomates, littérateurs, artistes, gentilshommes de vieille race, grands industriels, riches négociants, se pressaient et se coudoyaient dans ses couloirs, tandis que les duchesses du faubourg Saint-Germain, les hautes dames du gouvernement et de la finance faisaient dans la salle assaut de toilettes et de diamants.

L'Opéra n'avait pas toujours eu ce privilége d'être à la mode, et, sans remonter bien haut, avant 1830, ce théâtre n'attirait pas la riche bourgeoisie, qui lui préférait les autres spectacles. L'Opéra était alors, on le sait, placé dans les attributions de la maison du roi, et le premier gentilhomme de la chambre y exerçait une autorité despotique, tempérée par l'urbanité. C'était toujours un théâtre élégant que fréquentait la haute société, mais qui n'était pas populaire et où la foule ne se portait pas.

On sait que Saint-Évremond n'aimait pas l'Opéra, et ce qui le choquait le plus, c'était d'entendre chanter toute la pièce depuis le commencement jusqu'à la fin.

« Peut-on s'imaginer, dit-il, qu'un maître appelle son valet ou qu'il lui donne une commission en chantant; qu'un ami fasse en chantant une confidence à son ami ; qu'on délibère en chantant dans un conseil; qu'on exprime avec des chants les ordres qu'on donne, et que mélodieusement on tue les hommes à coups de javelot ou d'épée dans un combat. L'Opéra est un travail bizarre de poésie et de musique où le poëte et le musicien, gênés l'un par l'autre, se donnent bien de la peine à faire un mauvais ouvrage. »

On aurait pu répondre à Saint-Évremond que tout est convention pure dans l'art dramatique, et qu'il n'est pas plus bizarre de voir des dieux, des héros et des rois parler constamment en musique que de les entendre s'exprimer en vers durant les cinq actes d'une de ces tragédies précisément si à la mode de son temps.

Toujours est-il que l'Opéra est, en France, une *institution* qui remonte très-haut dans le passé, et, à différentes époques, a influé dans de certaines limites sur les mœurs et sur l'esprit publics. Déjà, en 1755, Durey de Noinville publiait une *Histoire du théâtre de l'Académie royale de musique* et faisait le dénombrement des musiciens et des hommes de lettres qui s'étaient occupés, avant sa publication, de ce genre de spectacle que l'antiquité connaissait, puisque, après tout, le joueur de flûte qui accompagnait la déclamation dans la tragédie et soutenait le rhythme du chœur, lorsque celui-ci se mêlait à l'action, représentait le musicien dans l'œuvre dramatique, alliant ainsi l'harmonie musicale à l'harmonie des vers.

Ce fut, dit-on, Ottavio Rinuccini, poëte florentin, qui, avec un musicien, son compatriote, Giacomo Corsi, composa, pour la première fois chez les modernes, un opéra représenté devant le grand-duc de Toscane sous le titre d'*Apollon et*

Circé. Le succès de cette œuvre collective fut très-grand et donna naissance à un autre opéra intitulé *Eurydice*. Le célèbre compositeur Claude Montevre, nommé maître de chapelle à Saint-Marc de Venise, imita plus tard ces deux pièces dans son opéra d'*Ariane*, et, au grand contentement des Vénitiens, introduisit ce genre de spectacle dans la puissante république. Des maîtres savants, tels que Soriano, Giovanelli, Teofilo, le secondèrent ou l'imitèrent de telle sorte que depuis 1637, date de la représentation d'*Ariane*, jusqu'à l'année 1700, on n'avait point représenté à Venise moins de six cent cinquante opéras.

Les comédies à décorations, machines et musique, jouées devant les deux papes de la maison de Médicis, Léon X et Clément VII, entre autres celle intitulée *la Calandra*, que fit représenter en 1516, devant le pape Léon X, le cardinal Bernard de Bibienne, n'étaient autres que des tentatives d'opéra. Ce genre est donc bien né en Italie, et il fut importé en France par des Italiens. Les ballets et les intermèdes donnés devant les Valois précédèrent des représentations plus régulières.

Un Piémontais, du nom de Balthasarini, célèbre et excellent violon, fut envoyé à la reine Catherine de Médicis par le maréchal de Brissac, gouverneur du Piémont. Il était accompagné de toute une bande de musiciens, ses compatriotes. Cet homme se fit à la cour une telle réputation par ses ballets et ses inventions ingénieuses pour les fêtes royales, qu'il fut anobli et nommé valet de chambre du roi. Il prit alors le nom significatif de Beaujoyeux. Ne serait-ce pas ce personnage si en faveur à la cour qui aurait donné à Planard la première idée de son Italien Cantarelli du *Pré aux Clercs?*

Les intermèdes et mascarades en musique qui égayèrent assez fréquemment, de concert avec les processions, les journées du bizarre Henri III, continuèrent cette tradition lyrique. Mais ce ne fut véritablement que sous le règne d'Anne d'Autriche et par les soins de Mazarin que les comédies ou tragédies en musique pouvant prendre le nom d'opéras furent représentées à Paris. En 1645, le cardinal fit jouer devant le roi et la reine mère deux pièces italiennes de ce genre, *la*

Festa theatrale della finta Pazza et *Orfeo e Euridice*, qui eurent un immense succès. En 1650, Pierre Corneille donna *Andromède, tragédie en machines*, dont les décorations exécutées par Torrelli parurent si belles qu'on les fit graver par ordre d'Anne d'Autriche.

Puis vinrent les ballets de Benserade, dans lesquels Louis XIV figurait avec les princes et les jeunes seigneurs de la cour. L'abbé Perrin faisait représenter à Issy une pastorale en cinq actes (c'était un peu long pour une pastorale) qui attirait un grand concours de spectateurs. En 1669, ce même abbé Perrin obtenait des lettres patentes portant « permission d'établir en la ville de Paris et autres du royaume des *académies de musique* pour chanter en public des pièces de théâtre, comme il se pratique en Italie, en Allemagne et en Angleterre, pendant l'espace de douze années. » Il formait en même temps une association composée de lui-même, du musicien Cambert, du marquis de Sourdéac (de la maison de Rieux), gentilhomme qui s'était étudié à perfectionner les machines et en avait inventé de nouvelles; puis d'un certain Champeron, qui devait fournir les fonds nécessaires. Cette compagnie fit élever un théâtre dans le jeu de paume de la rue Mazarine et représenter un opéra intitulé *Pomone*, paroles de l'abbé Perrin, musique de Cambert, ballets de Beauchamp, tentative qui réussit au delà de toute espérance. Mais bientôt la discorde se mit dans le camp d'Agramant. L'association vint à se dissoudre, et le célèbre Lulli, alors fort bien en cour, profita de la circonstance pour se faire transporter le privilége et obtenir des lettres patentes pour la fondation d'une *académie royale de musique*, lettres patentes qui furent enregistrées au parlement le 27 juin 1672.

Telles sont les origines de l'opéra en France. « Enfin Malherbe vint, » a dit Boileau à propos de la poésie française. Lulli fut le Malherbe de l'opéra français. Il éleva un nouveau théâtre dans la rue de Vaugirard, près du palais du Luxembourg; et sur cette scène nouvelle il fit représenter, de 1672 à 1687, quinze *tragédies lyriques*, dont les plus célèbres sont *Alceste*, *Bellérophon*, *Roland* et *Armide*, trois pastorales, une mascarade intitulée le *Carnaval*, un ballet : *le Triomphe de l'Amour*, et vingt-cinq divertissements parmi lesquels ressortent ceux du *Bourgeois gentilhomme*, de *la Princesse d'Élide*, de *Pourceaugnac* et de *l'Amour médecin*.

L'ensemble de l'œuvre musical et dramatique de Lulli ne comporte pas moins de quarante-quatre ouvrages. Molière, Quinault, Thomas Corneille, furent ses collaborateurs.

En 1713, c'est-à-dire deux ans avant sa mort, le grand roi réglait lui-même tous les détails de l'exploitation de l'Opéra, tout en fondant une école gratuite de danse et de chant, sorte de pépinière pour les sujets de l'Académie royale de musique et première idée du Conservatoire. Les devoirs des acteurs, leurs amendes, leur nombre, leurs emplois, leurs appointements, les droits des auteurs, tout est réglé dans cette ordonnance. Un fonds de quinze mille livres était affecté à des gratifications qui devaient être réservées aux artistes les plus méritants. Une pension leur était acquise après quinze années de services.

Veut-on savoir quels étaient leurs appointements? Il y a là de singulières comparaisons à faire avec le temps présent : les premiers chanteurs avaient quinze cents livres ; les premiers sujets de la danse avaient mille livres, et les premières danseuses neuf cents. Le *batteur de mesure*, c'est-à-dire le chef d'orchestre, recevait mille livres, le compositeur de ballets quinze cents et le dessinateur douze cents.

Le nombre des sujets attachés à l'Opéra était ainsi réglé : « *Acteurs pour les rôles*, trois basses-tailles, trois hautes-contres, deux tailles ; *actrices pour les rôles*, six ; *chœurs*, vingt hommes et deux pages, douze filles ; *danseurs*, douze ; *danseuses*, dix.

« *Orchestre* : un batteur de mesure ; dix instruments de petit chant ; douze dessus de violon, huit basses, deux quintes, deux tailles, trois hautes-contres, huit hautbois, flûtes et bassons, un timbalier.

« Un compositeur de ballets, un maître de salle de danse, un dessinateur, deux machinistes, un maître tailleur. »

Le nombre des artistes ne dépassait pas quatre-vingt-sept personnes; le total des appointements ne s'élevait qu'à 67,050 livres.

Les jours d'Opéra étaient les mardis, vendredis et dimanches, et les jeudis depuis la Saint-Martin jusqu'au dimanche de la Passion inclusivement.

On a souvent parlé de l'édit qui permettait aux gentilshommes et aux filles de qualité de monter sans déroger sur la scène de l'Académie royale de musique; mais il paraît que la danse était exclue de la licence accordée par le roi, du moins si l'on se reporte au texte exact de l'ordonnance qui accordait « que tous gentilshommes, demoiselles et autres personnes puissent *chanter* au dit Opéra, sans que, pour cela, ils dérogent au titre de noblesse, ni à leurs priviléges, droits et immunités. »

Ce fut avec le modeste personnel mentionné plus haut, que l'Académie royale de musique fonctionna pendant quatre-vingt-seize ans. Durant cette première période, qui conduit jusqu'en 1755, de grands ouvrages furent exécutés cependant; entre autres l'opéra d'*Armide*. Mesdemoiselles Lerochois, pour le chant, Fontaine, Subligny, Prévot, Salé, Camargo pour la danse, et l'acteur Jelyotte furent alors les artistes en renom. Dans la seconde période, qui va de 1755 à la Révolution Française, le personnel s'accrut en proportion des exigences du public; mais alors on fit des dettes, et il fallut que l'Hôtel de ville, chargé de la régie de l'Opéra, contribuât à les acquitter.

Les ouvrages marquants durant cette seconde période furent : *Alceste, Iphigénie en Aulide et en Tauride, Céphale et Procris, Orphée, Anacréon* et *Panurge*. Les grands artistes étaient Sophie Arnould, Laguerre, Guimard, Saint-Huberty, Laïs, Dauberval, Vestris. Les compositeurs qui avaient succédé à Lulli se nommaient Gluck, Piccini, Grétry. On sait les querelles passionnées que provoquèrent les œuvres des deux premiers. Comme dans certaines luttes théâtrales modernes, les critiques allèrent jusqu'aux invectives, et les pamphlets jusqu'aux injures. L'Opéra transporté du Luxembourg au Palais-Royal, puis aux Tuileries, puis de nouveau au Palais-Royal, dont la salle brûla, ensuite aux Menus-Plaisirs, à la Porte-Saint-Martin et place Louvois, rue de Richelieu, fut installé sous la Restauration dans la rue Lepelletier. Avant la Révolution le service était fait par les gardes françaises, et le spectacle commençait à cinq heures un quart.

Vint cette révolution terrible qui, bouleversant et modifiant tant de choses, ne devait pas s'arrêter devant l'organisation de l'Opéra. Il ne pouvait plus être question du ministère de la maison du roi et du patronage des gentilshommes de la chambre. L'Opéra fut d'abord administré par la Commune de Paris, puis un peu plus tard, autorisé à se gouverner lui-même; mais en même temps on exigea de lui qu'il prit une couleur politique, et qu'il donnât des pièces de circonstance destinées à *réchauffer* l'esprit public. Ce fut ainsi que l'on y joua : l'*Offrande à la Liberté*, de Gardel et Gossec; *le Camp de Grandpré*, l'*Apothéose de Beaurepaire*, paroles de Marie-Joseph Chénier, musique de ce même Gossec, dont ce fut la brillante époque. *Fabius, Horatius-Coclès*, paroles d'Arnault, musique de Méhul; puis *les*

Sans-culottes, la Journée du dix août, Miltiade à Marathon, le Siége de Thionville, Wenzel ou le Magistrat du peuple, Toulon soumis. Ce fut à l'Opéra que se donna la fête de l'inauguration des bustes de Marat et de Lepelletier de Saint-Fargeau, le 27 octobre 1793.

Les artistes d'alors étaient Lainez, Gardel, Vestris, Beaupré et Clotilde.

Sous le Directoire et le Consulat une foule brillante assiégea toujours l'Opéra, appelé en 1796 : *Théâtre de la République et des Arts.* Après les épreuves terribles dont on sortait, on avait soif de plaisir. Après les haillons des sans-culottes et des tricoteuses, Paris aspirait aussi à revoir l'élégance et le luxe même exagéré, souvent ridicule que déployaient les muscadins et les merveilleuses d'alors.

L'Empire reconstitua l'Opéra sur ses anciennes bases monarchiques. Soutenu par une subvention de la couronne, ce théâtre fut placé sous le contrôle de M. de Lucay, premier préfet du palais, et plus tard sous celui du premier chambellan, M. de Rémusat, surintendant des spectacles. On représentait à cette époque *OEdipe*, *la Vestale*, *Anacréon*, *la Caravane du Caire*, *les Mystères d'Isis*, *Fernand Cortez*, *les Prétendus*, *Psyché*, *la Dansomanie*, *Nina ou la Folle par amour*, et, enfin, *le Triomphe de Trajan*, véritable apothéose de l'empereur Napoléon. Le vieux Laïs, Nourrit père, Dérivis père, Lavigne, mesdames Branchu et Bigottini étaient les interprètes les plus célèbres de ces divers ouvrages. L'Académie impériale de musique coûtait alors un million vingt-sept mille francs environ. On était loin du point de départ.

En 1814, *le Triomphe de Trajan* fut donné en l'honneur des souverains alliés. L'Opéra faisait comme tant d'autres : il retournait son habit. Le gouvernement des Bourbons le subventionna, du reste, tout comme l'avait fait l'Empire, et le replaça comme jadis dans les attributions de la maison du roi. Il occupait alors l'emplacement du *square* actuel de la rue de Richelieu. On sait comment M. le duc de Berry y fut assassiné par Louvel, ce qui fit construire la salle *provisoire* de la rue Lepelletier, laquelle dure depuis quarante-six ans.

Le répertoire de l'Académie royale de musique sous la Restauration fut extrêmement varié et brillant. Elle donna *le Rossignol, Cendrillon, la Lampe merveilleuse, le Carnaval de Venise, les Pages du duc de Vendôme, la Somnambule, Mars et Vénus, la Belle au bois dormant, Pharamond,* pour le sacre de Charles X, puis les grands opéras de Rossini, *Moïse, le Siége de Corinthe, le Comte Ory, Guillaume Tell,* et, enfin, *la Muette de Portici,* d'Auber, qui devait prendre des proportions historiques en donnant le signal de la révolution de Belgique. Les principaux artistes de cette période furent Adolphe Nourrit, dont la fin devait être si lamentable; Levasseur, Perrot pour la danse, mesdames Cinti Damoreau, Jawureck, Taglioni et Noblet.

Les premiers ouvrages nouveaux que l'on donna à l'Opéra après la Révolution de 1830 furent *le Philtre,* d'Auber, et *l'Orgie,* ballet, musique de Caraffa. Bientôt l'Académie royale de musique, placée dans de nouvelles conditions, prit aussi un nouvel essor. Elle n'était plus sous le patronage un peu exclusif des gentilshommes de la chambre du roi; il fallait qu'elle entrât, pour ainsi dire, dans le domaine de tous, et que par l'intérêt de son spectacle elle attirât à elle un public plus varié et plus nombreux : c'est ce qui arriva. Dans les premières années du règne de Louis-Philippe tout le Paris intelligent, officiel, riche et titré se donna, comme je l'ai dit, rendez-vous à son foyer. Un directeur habile dont le nom vient naturellement sous la plume lorsqu'on parle de l'Opéra de cette époque, contribua beaucoup à ce résultat. Ce fut M. Véron qui, malgré son incursion momentanée dans le domaine de la politique, n'a jamais été si heureusement inspiré que pendant les années de cette direction à laquelle il dut une fort belle fortune. Les circonstances le servaient parfaitement, d'ailleurs : la société parisienne, ébranlée par la secousse de Juillet 1830, avait besoin d'un terrain neutre qui fût un centre élégant. L'habileté du directeur fit le reste. L'immense succès de *Robert le Diable*, cet événement dramatique, commença la série de ses succès. Confiant dans l'avenir d'une œuvre si originale et si belle, il n'hésita pas à dépenser plus de cent mille francs pour la monter, et cela me rappelle un mot de M. le duc de Choiseul, que le roi avait nommé président de la commission de surveillance établie près de l'Opéra et du Conservatoire : lors de la récapitulation des frais occasionnés par la mise en scène de *Robert le Diable,* et au chapitre des dépenses faites pour la toilette des dames, le vieux grand seigneur s'écria : « autrefois, cependant, c'était nous qui payions cela ! » Mais le temps des grands seigneurs était passé, et c'était à la bourse du public qu'il fallait désormais s'adresser. Le public ne manqua point à l'appel.

Après *Robert le Diable,* les ouvrages qui se succédèrent sous l'administration de M. Véron, furent *Gustave ou le Bal masqué,* opéra contre lequel protesta officiellement le ministre de Suède, le vieux et excellent comte de Löwenhielm, *la Tentation,* ou comme dans *le Dieu et la Bayadère,* la danse et le chant se confondaient, formant ainsi un genre nouveau; *la Sylphide, la Révolte au Sérail, Don Juan et la Tempête.*

Plus tard vinrent *les Huguenots,* seconde partie de cette admirable trilogie musicale de Meyerber, qui a nom *Robert le Diable, les Huguenots* et *le Prophète*, et une foule d'ouvrages remarquables à plus d'un titre : tels que *la Juive, Guido et Ginevra, Stradella*, etc., etc.

Adolphe Nourrit, Levasseur, mesdames Damoreau, Dorus, Falcon pour le chant; Taglioni, Fanny Elssler, Noblet, Legallois et Perrot pour la danse, furent les artistes aimés du public durant les cinq premières années du règne de Louis-Philippe, temps de vogue et de splendeur inusitées pour l'Opéra, qui faisait dire à ce vieil académicien d'esprit, Eugène Briffault, dont j'ai parlé à propos du salon de madame Récamier :

« Le foyer de l'Opéra pour la haute société politique, est une halte indispensable entre la salle à manger et le salon. »

Le Théâtre Français ne fut pas aussi heureux, et dans les premières années qui suivirent la Révolution de 1830, livré à lui-même, c'est-à-dire privé du patronage de la maison du roi et de la subvention de la couronne, il en vint à une situation des plus précaires. Un Russe, le comte Paul

Demidoff, vint alors à son secours (fait peu connu) en lui prêtant sans intérêt une somme de cinquante mille francs dont il n'a jamais exigé le capital. Plus tard, grâce à une plus grande variété de son répertoire, le Théâtre Français reconquit la vogue et attira le public dans la maison de Molière, mais ce ne fut pas sans avoir subi quelques épreuves.

Les petits théâtres, au contraire, surtout ceux des boulevards, faisaient beaucoup d'argent, comme on dit en termes de coulisses, et étaient fréquentés par la jeunesse élégante non moins que par les gens de lettres et les artistes.

Nous avons tous vu le regrettable coin de la grande promenade parisienne, où se trouvaient si heureusement groupés huit ou dix théâtres de toutes les dimensions, en face ou dans le voisinage de restaurants, dont le nom populaire se confondait naturellement avec la renommée spéciale de ces théâtres mêmes. Les modernes embellissements de Paris ont fait disparaître ce coin dramatique, ainsi que beaucoup d'autres choses auxquelles le souvenir de plusieurs générations s'était attaché avec complaisance. Il n'y a point de lignes droites, de maisons neuves symétriquement rangées, de boulevards plus ou moins larges, qui vaillent pour Paris quelques-uns de ses souvenirs.

C'était vers les six heures du soir que ce point de la grande ville s'illuminait et s'animait. La *queue*, quelquefois une queue formidable, se formait à la porte de tous ces théâtres, ressemblant aux tronçons séparés du corps d'un vaste serpent. A partir de la Porte-Saint-Martin, dont les drames romantiques d'alors, illisibles aujourd'hui, avaient le privilége de passionner la foule, l'Ambigu, le Cirque-Olympique, la Gaité, les Folies-Dramatiques, les Délassements-Comiques, les Funambules avec leur Debureau, rendu célèbre par un groupe de gens d'esprit, et le théâtre de la célèbre madame Saqui attiraient à des titres divers une foule également très-diverse, et où les extrêmes se touchaient parfois. Ce joyeux espace compris entre le restaurant Deffieux et le restaurant Bonvalet, géographiquement borné par l'un à l'est, par l'autre à l'ouest, est resté dans la mémoire de tous, parce qu'il avait su plaire à tous.

Le théâtre des Variétés avec Odry, son illustre *Bilboquet;* celui du Palais-Royal avec cette troupe célèbre, composée de Sainville, Achard, Leménil, Lhéritier, Grassot, Hyacinthe, Ravel; le Vaudeville lui-même, avec Arnal et un fort joli répertoire, étaient hantés par la société la plus choisie. Les jeunes princes de la maison d'Orléans aimaient à prendre leur part de ces plaisirs très-français. Ils fréquentaient volontiers les petits théâtres, et la société des Tuileries faisait comme eux. La simplicité d'allures de ces princes était d'ailleurs très-caractéristique ; elle a donné lieu à plusieurs anecdotes.

On sait qu'un jour le duc d'Orléans venant faire une visite du matin au peintre A. Scheffer, le portier de la maison qui ne le reconnaissait pas lui cria :

— Dites donc, monsieur, puisque vous allez chez M. A. Scheffer, voudriez-vous lui monter ce pantalon que je viens de lui raccommoder ; c'est pressé.

— Donnez, dit le duc d'Orléans en souriant, je m'en charge, et, sonnant à la porte du peintre, il fit son entrée en disant :—Mon cher, voilà votre pantalon raccommodé. Votre portier me l'a remis. Il paraît que c'est pressé.

Il était assez naturel, d'ailleurs, qu'élevés au milieu de la jeunesse de leur temps, et prenant part à ses travaux dans les collèges de Paris, ces princes eussent adopté beaucoup de ses habitudes, de ses goûts, de son langage.

Peu de temps avant qu'une sollicitude toute maternelle eût fait éloigner momentanément de Paris une jeune coryphée de l'Opéra par trop éprise du prince de Joinville, alors dans tout l'éclat de son adolescente beauté, le prince interpellé par la reine qui s'étonnait de ne plus lui voir une très-riche montre, récent cadeau de famille, lui répondit :

— Elle est chez ma tante.

A quelques jours de là, la reine eut l'idée de demander à madame Adélaïde par quel hasard elle avait repris chez elle la montre de son neveu.

— Mais sa montre n'est pas du tout chez moi, répondit madame Adélaïde.

— Cependant il m'a bien dit qu'elle était chez sa tante. Il est vrai qu'il avait un air singulier en me disant cela.

Marie-Amélie n'était pas obligée de savoir ce qu'en langage populaire on appelle avoir sa montre *chez sa tante*, et le jeune prince avait pu difficilement réprimer son envie de rire en lui faisant cette amusante réponse.

VICTORIA

VI

La princesse Belgiojoso. — Son étrange beauté. — Son salon. — Singularités d'ameublement. — Son entourage littéraire et artistique. — Le prince Belgiojoso. — Les sœurs de la princesse. — Sa fille d'adoption. — M. Mignet. — Alfred de Musset. — Son portrait. — Sa liaison avec le prince. — Ses habitudes, ses goûts; son frère Paul. — Concerts et petits bals. — La valse à deux temps et les valseuses. — Départ de la princesse. — Ses actes pendant les événements d'Italie de 1848 et 1849. — Son voyage en Orient. — Réceptions diplomatiques sous Louis-Philippe. — Le duc de Serra Capriola, ambassadeur de Naples. — Lord et lady Grandville. — Les raouts de l'ambassade d'Angleterre. — Anniversaire de la naissance de la reine Victoria. — Le comte et la comtesse Appony. — Fêtes à l'ambassade d'Autriche. — Les déjeuners dansants. — Leur élégance. — Individualités du grand monde.

J'ai déjà eu occasion de parler de la princesse Belgiojoso à propos du général Lafayette, qui, dans les premiers temps de l'exil de la princesse, avait agi avec elle en véritable tuteur.

Le salon de la princesse Belgiojoso a été l'un des plus curieux et des plus intéressants de Paris du temps de Louis-Philippe, et tous ceux qui l'ont fréquenté ont dû en conserver un souvenir très-particulier. C'est qu'en effet la maîtresse de maison elle-même présentait un type si peu ordinaire qu'on était frappé tout d'abord de sa remarquable étrangeté. Originale dans sa beauté, originale dans ses habitudes, ses occupations intellectuelles, ses goûts, la princesse était une figure à part au milieu de la société parisienne.

Elle habitait un petit hôtel entre cour et jardin dans la rue d'Anjou-Saint-Honoré, non loin de la maison qu'avait occupée Lafayette avec une partie de sa famille; et dès qu'on entrait dans cette demeure d'une femme exceptionnelle en toutes choses, l'esprit était vivement frappé de l'entourage matériel qu'elle s'était fait. Rien de plus singulier, en effet, ou, pour parler plus exactement, de moins ordinaire que l'ameublement de cette demeure jusque dans les moindres détails.

On entrait par un petit vestibule qui communiquait, à gauche, avec une salle à manger, à droite avec le salon. La salle à manger, en stuc, était ornée de peintures dans le goût des fresques et des mosaïques de Pompeï. Plus longue que large, cette pièce où l'on transportait un piano les jours de réception, servait alors de salle de danse. Le salon, assez vaste et carré, était tendu en velours d'un brun presque noir, parsemé d'étoiles d'argent; les meubles en étaient recouverts de la même étoffe, et, le soir, lorsqu'on y pénétrait, on pouvait se croire dans une chapelle ardente, tant l'aspect général offrait un coup d'œil lugubre.

La maîtresse de maison, par son apparence personnelle, ajoutait encore à cette singulière impression. Une telle femme était bien évidemment faite pour un pareil milieu. Le cadre convenait merveilleusement au portrait, et l'on pouvait véritablement se demander si le premier était fait pour le second ou le second pour le premier.

D'une taille assez élevée et admirablement prise, la princesse Belgiojoso avait une figure ovale à la façon de *la Joconde*, mais le nez plus aquilin que ce charmant modèle. De très-grands yeux noirs illuminaient son visage, que des cheveux également noirs encadraient avec harmonie. En la contemplant, l'attention aurait pu être fixée par ces beaux grands yeux, par ce nez légèrement cambré, aux narines fines et dilatées ; mais ce qui absorbait le regard, et de loin provoquait la curiosité, c'était la pâleur mate du teint, qui, le soir, prenait une nuance absolument fantastique où le bleu et le vert se confondaient, donnant ainsi à la princesse une apparence de fantôme tout à fait saisissante. C'était l'usage, et peut-être l'abus, du poison médical nommé *datura stramonium*, qui chez elle, disait-on, produisait cet effet singulier.

Du salon funèbre dont j'ai parlé on passait dans une chambre à coucher tendue entièrement en étoffes de soie blanche. La pendule de la cheminée, les flambeaux, les candélabres, l'ornementation tout entière, en un mot, était en argent ou en matières argentées, ce qui formait avec la pièce précédente le contraste le plus absolu. Palais de jeune fée à côté du séjour de quelque sombre génie, chambre de nouvelle épousée à côté d'une chapelle ardente. Mais dans l'une comme dans l'autre, l'étrange beauté de la maîtresse de maison ressortait avec les mêmes avantages.

On pénétrait de cette chambre à coucher dans un petit cabinet de travail tendu en cuir de Cordoue, garni de meubles en chêne noir; orné de quelques vieux tableaux de l'école byzantine, et renfermant un bureau de travail sur le pupitre duquel on voyait ouvert quelque gros volume des Pères de l'Église que la princesse s'occupait de traduire et de commenter.

Je n'ai pas besoin d'insister sur l'étonnant effet de ces singularités d'ameublement qui concordaient si bien avec les toilettes et l'apparence personnelle de la princesse Belgiojoso.

Elle était née Trivulce, ainsi que je l'ai dit. Le prince Belgiojoso, Milanais d'origine, était un homme de haute taille, d'une figure régulière et d'une admirable prestance; un de ces hommes qui, sur certaines femmes, produisent du premier coup une impression profonde, et, pour ainsi dire, inévitable ; il a eu dans ce genre de grands succès, et il était difficile qu'il en fût autrement. Une jeune sœur de la princesse, toute frêle et toute blanche, et une fille d'adoption grande, droite, brune de peau, superbe type de Transtévérine, et que l'on nommait Éleuthère, deux natures charmantes que leur contraste faisait valoir, formaient, avec son autre sœur plus âgée, mariée à M. d'Aragon, l'entourage ordinaire et comme l'état-major de la princesse.

Elle voyait le meilleur monde de Paris. Des démarches faites auprès du gouvernement autrichien ayant abouti à la levée du séquestre de ses biens du Milanais, l'état présent de sa fortune lui permettait de tenir le train de maison nécessaire à toute personne qui veut recevoir. Le grand monde qu'elle voyait était *émaillé* d'ailleurs (qu'on me passe le mot), d'écrivains et d'artistes en renom, et avec les tendances, les instincts, les goûts de la princesse, il était impossible qu'il en fût autrement : circonstance qui rendait son salon plus agréable encore et plus recherché qu'aucun autre.

M. Mignet, l'élégant historien de la Révolution française et de Philippe II, était un commensal assidu de la maison. M. Mignet offrait un véritable type de secrétaire perpétuel de l'Académie. Sa belle tête intelligente, sa taille avantageuse, l'élégance sévère de sa mise, réalisaient en beau l'idée que l'on peut s'en faire. Cet ami et confrère de M. Thiers ne ressemblait en rien à ce dernier. On peut dire même qu'il formait avec lui un contraste absolu. M. et madame Thiers (mademoiselle Dosne) allaient également chez la princesse Belgiojoso. Mais j'en parlerai plus loin à propos du salon de M. Thiers.

C'est là que j'ai vu pour la première fois Alfred de Musset. Très-intime avec le prince Belgiojoso, il y venait toutes les semaines, et de temps à autre était accompagné par son frère Paul, un homme de talent aussi, mais dans une manière différente. Je viens de parler du contraste qui existait entre M. Thiers et M. Mignet; celui que présentaient, quoique frères, les deux de Musset était bien plus remarquable encore.

Alfred était de taille moyenne; ses cheveux

châtain clair, qu'il portait assez longs, encadraient un visage ovale, dont les yeux bleus et le nez légèrement busqué formaient les traits caractéristiques en lui donnant un certain cachet de distinction. Mais il faut bien le dire, l'ensemble de cette figure n'annonçait en rien le génie particulier de l'homme; à peine, lorsqu'il souriait sous ses moustaches assez fournies, y avait-il comme un éclair de spirituelle malice illuminant ce visage, qui reprenait ensuite son immobilité première. Rien n'était vulgaire, mais tout était ordinaire dans l'apparence extérieure de ce charmant et original producteur.

Paul était très-grand, brun, mince, embarrassé pour ainsi dire de sa haute taille dans sa démarche au milieu d'un salon. Ingénieux esprit, cœur dévoué à son frère, c'était bien l'homme qui, après la mort prématurée de ce dernier, devait prendre chaleureusement la défense de sa mémoire et de son talent. Je ne connaissais Paul que de vue. J'étais assez lié avec Alfred, qu'indépendamment de nos rencontres fréquentes dans le monde, je voyais chez un de ses plus intimes amis, fils d'un ancien agent de change, M. Alfred Tastet, jeune homme d'esprit, de savoir et de goût.

L'intimité d'Alfred de Musset avec le prince Belgiojoso lui fut préjudiciable à un certain point de vue. Le prince était très-viveur et son énergique nature lui eût aisément permis des excès de tout genre. Il usait et abusait de cet avantage naturel dans les gais soupers auxquels il conviait ses amis. Ce n'était point, on le comprend, des réunions de tempérance, que ces soupers gais, animés, charmants, où l'esprit pétillait comme les vins, et où les vins se buvaient comme de l'eau. Le prince supportait admirablement ces veilles ardentes, et pour lui la coupe n'avait pas de dangers, parce qu'elle ne contenait pas l'ivresse. Il n'en était malheureusement pas de même d'Alfred de Musset, dont la nature nerveuse était si différente, et dont l'organisation ne pouvait pas sans péril se plier à des habitudes de ce genre. Il est vrai que son imagination surexcitée ne produisait jamais d'une façon plus heureuse que lorsqu'il sortait d'une nuit d'excès bachiques. Mais en voulant imiter son noble ami, il dépassait la mesure de ses forces. Bientôt, d'ailleurs, l'excès devint chez lui une habitude; plus tard il allait devenir un besoin, et la mort se cachait derrière les flacons. Un jour vint où elle réclama cette trop précieuse proie. J'appris de loin la mort d'Alfred de Musset, et personne ne regretta plus que moi de n'avoir pu grossir le cortége peu nombreux qui accompagna cet homme de talent à sa dernière demeure. Son indulgence pour mes travaux avait été grande. Je la lui rendais en vive sympathie.

Les artistes musiciens venaient aussi en grand nombre chez la princesse Belgiojoso. Le prince avait lui-même une voix superbe et chantait en artiste. Souvent il lui est arrivé d'exécuter un duo avec Julia Grisi ou Persiani, tout aussi bien qu'aurait pu le faire un chanteur *di primo cartello*. Ces charmants concerts de la princesse, de mondains qu'ils étaient avant le carême, devenaient *spirituels* durant ce saint temps. On n'y exécutait alors que de la musique religieuse classique, et elle y était admirablement interprétée. Jusqu'au carême, durant la saison d'hiver, le concert était, comme je l'ai dit, suivi presque immédiatement d'un petit bal improvisé dans la salle à manger, et alors il fallait voir avec quelle ardeur se succédaient les valses à deux temps, une nouveauté d'alors, et comment s'efforçaient d'y briller, à côté de la jeune génération féminine, quelques-unes des individualités dansantes du lieu, telles que Gontaut-Biron, Albert Courpon, Ferdinand de Lasteyrie et Alfred de Musset lui-même.

Un jour vint hélas! où prirent fin ces agréables et intelligentes soirées, où ce salon se ferma. Le prince avait soudainement quitté Paris en emmenant une des plus charmantes femmes de la haute société parisienne, et l'histoire avait fait grand bruit. D'un autre côté, les dépenses de réception, toujours si élevées à Paris, jointes au *laisser aller* de bonnes œuvres de la princesse, avaient apporté quelque trouble dans son budget. Il fallut en venir à compter, cette terrible obligation imposée, comme à tout le monde, aux gens de cœur et d'esprit, et la conséquence de ces causes diverses fut qu'un jour de printemps la princesse Belgiojoso quitta la France pour retourner dans son pays natal.

Depuis lors, elle prit une grande part aux événements politiques dont l'Italie devait être le théâtre, et, en 1848 et 1849, se mit elle-même à la tête des soldats qu'elle avait rassemblés à ses frais pour soutenir l'indépendance de sa patrie. Puis lorsque les espérances de l'Italie durent forcément être ajournées en présence des victoires autrichiennes, jusqu'à ce qu'elle rencontrât cette chance singulière d'obtenir l'appui et le concours armé de la France, la princesse visita l'Orient dont elle peignit les mœurs dans des récits animés, auxquels la *Revue des Deux Mondes* ouvrit ses pages comme elle l'avait déjà fait pour quelques récits de la révolution italienne, dus à la même plume ardente et convaincue.

Quoique le salon de la princesse Belgiojoso ne fût point un salon diplomatique, beaucoup de diplomates le fréquentaient cependant. Mais les grandes ambassades qui reçurent le plus brillamment et plus fréquemment sous le règne de

Louis-Philippe, ce furent celles d'Angleterre et d'Autriche.

Pendant un ou deux hivers, l'envoyé de Naples (une ambassade de famille, comme cela se dit en termes diplomatiques), M. le duc de Serra Capriola, avait fréquemment ouvert les salons de l'hôtel de la place Beauveau, où se trouve maintenant transporté le ministère de l'intérieur, et qui était alors occupé par l'ambassade de Naples. Mais ses réceptions et ses fêtes n'étaient qu'accidentelles, comme celles de quelques-uns des diplomates étrangers à Paris, tandis que l'Angleterre et l'Autriche, surtout cette dernière, se distinguaient par le nombre et l'éclat de leurs soirées ou de leurs grands bals.

L'hôtel de l'ambassade d'Angleterre est, on le sait, admirablement situé dans la rue du Faubourg-Saint-Honoré. La disposition intérieure des appartements de réception n'en est pas moins heureuse que la situation extérieure : après avoir franchi un grand vestibule, on pénètre dans trois vastes salons qui conduisent à une salle de danse, d'une belle dimension, soutenue par des colonnes, et à l'extrémité de cette salle communiquant avec les appartements que l'on vient de traverser, on remarque élevé sur une estrade, sous un dais de velours, et adossé aux armes de l'Angleterre richement brodées, un fauteuil qui représente le trône britannique (dans chaque grande ambassade il y a ainsi une salle du trône); puis, par une disposition très-favorable, surtout les jours de bal, chacune des portes de ces divers salons donne sur une galerie qui les sépare elles-mêmes d'une vaste serre, de telle sorte que quel que soit le nombre des invités, il n'y a jamais d'encombrement, et que la circulation est facile.

A la gauche du vestibule et du premier salon s'étend une longue et belle salle à manger, où un splendide buffet est richement servi. Les jours de grands fêtes c'est dans la serre elle-même que le souper est disposé avec tout le luxe britannique. Rien de plus élégant que ces soupers au milieu des orangers et des fleurs.

Lord et lady Grandville ui firent admirablement les honneurs de ce bel hôtel durant presque tout le règne de Louis-Philippe, avaient l'habitude de célébrer par un grand bal l'anniversaire de la naissance de la reine Victoria. Alors une brillante illumination de l'hôtel annonçait de loin qu'il y avait fête chez le représentant de la Grande-Bretagne. Ce jour-là l'ambassade d'Angleterre absorbait toutes les fleurs de Paris et de la banlieue. Des rosiers transportés avec la terre qui les entourait, formaient des deux côtés de la galerie une délicieuse plate-bande. Le souper était, comme je l'ai déjà dit, disposé dans la serre, et les invitées de lady Grandville, sur un mot d'ordre transmis de l'une à l'autre, apparaissaient vêtues de blanc et de rose, car elles avaient adopté les couleurs de la reine Victoria. Les hommes, par contre-coup, portaient tous à leur boutonnière un petit bouquet composé d'une rose et de quelques tiges de muguet, sans qu'aucune exception fût admise dans cette convention générale. L'homme politique, l'homme grave était voué au rose et au blanc tout aussi bien que le dandy.

Mais les fêtes diplomatiques les plus brillantes

de cette époque, et je dirai les plus populaires en prenant ce dernier mot dans l'acception de notoriété et de publicité, furent, sans contredit, les bals de l'ambassade d'Autriche, et surtout les réunions connues sous le nom de *déjeuners dansants*, offertes à l'élite de la société parisienne par le comte et la comtesse Appony.

Le comte Appony (la véritable orthographe de son nom est Apponyï, mais en France l'habitude a prévalu), le comte Appony, disais-je, Hongrois de naissance, était un des protégés du prince de Metternich; il représentait déjà l'Autriche à Paris sous la Restauration, et il avait su s'y faire une si bonne position, que lorsque arriva la révolution de Juillet, le roi Louis-Philippe désira qu'il ne fût point remplacé, ce qui d'ailleurs entrait dans les vues du prince de Metternich.

Le comte Appony, généralement aimé et apprécié comme diplomate et comme homme du monde, eut cette singulière non moins que rare bonne fortune de plaire successivement à deux gouvernements, sans que moralement sa personnalité eût à en souffrir.

De taille moyenne, assez gros, portant moustaches, ce qui n'était pas commun alors dans le corps diplomatique, à moins qu'on ne fût militaire, mais devenait obligatoire à cause du costume de magnat de Hongrie (costume qui n'est autre, on le sait, qu'un très-riche uniforme de hussard, avec une pelisse un peu plus longue que ne comporte l'ordonnance française), le comte Appony était remarquable par la distinction parfaite de ses manières, et par ses allures de grand seigneur. Son vrai mérite, sa grande force étaient une extrême perspicacité. Il voyait les choses de haut et de loin, et je ne crois pas que jamais cette perspicacité lui ait fait défaut.

La comtesse Appony, d'une taille élevée, d'une figure un peu maigre, avec des yeux dont l'expression douce et bienveillante avait un charme très-particulier, était elle-même un type de distinction féminine. Elle avait deux fils, Rodolphe et Jules. Le dernier est mort jeune; l'autre occupe un des postes les plus importants du corps diplomatique autrichien. Ce Rodolphe se distinguait par le chiffre *deux*, sur ses cartes de visites, de son cousin, Rodolphe Ier, neveu du comte Appony, et dont la réputation comme valseur et conducteur de *cotillon*, datait, ainsi que j'ai eu déjà l'occasion de le dire, des dernières années de la Restauration. Une jeune fille, gracieux portrait de sa mère, complétait cette famille, qui secondait si bien son chef lorsqu'il s'agissait de faire les honneurs du salon de l'ambassade d'Autriche.

Le bel hôtel occupé rue du Faubourg-Saint-Honoré par le représentant de la Grande-Bretagne, était la propriété du gouvernement anglais; mais celui de l'ambassade d'Autriche, rue Saint-Dominique, appartenait, si je ne me trompe, à madame Adélaïde, sœur du roi, et par conséquent était loué. Il se trouvait situé entre une très-vaste cour et un magnifique jardin, qui s'étendait le long de l'Esplanade des Invalides jusqu'à l'entrée de la rue de Grenelle.

Deux fois par hiver ordinairement il y avait bal à l'ambassade d'Autriche, et ces réunions étaient d'une suprême élégance. La comtesse Appony se montrant plus difficile dans ses admissions que lady Grandville, il en résultait même que ses salons présentaient un aspect plus exclusivement aristocratique que ceux de l'ambassade d'Angleterre. Là plus qu'à l'hôtel de la rue du Faubourg-Saint-Honoré, affluaient les grandes dames du parti légitimiste et les sommités masculines du faubourg Saint-Germain. Le comte Appony ayant représenté l'Autriche auprès des Bourbons de la branche aînée, il semblait à la portion de la société parisienne qui était demeurée fidèle à ses souvenirs politiques et boudait les nouvelles Tuileries, qu'elle se trouvait sur le terrain diplomatique le plus sympathique à ses idées, sinon à ses espérances. La grâce et le bon accueil du comte et de la comtesse Appony complétaient d'ailleurs l'illusion.

Aussi, nulle part plus qu'à l'ambassade d'Autriche on ne vit les fidèles du parti légitimiste porter le deuil de cour lors de la mort du roi Charles X. On sait que ce deuil, de même que celui de madame la Dauphine, fut pris très au sérieux par tout le faubourg Saint-Germain; le roi Charles X n'était-il pas, d'ailleurs, ainsi que sa belle-fille, mort sur les terres de l'empereur d'Autriche, où la famille exilée avait, en quittant l'Écosse, cherché tout à la fois un nouvel asile et un climat plus doux?

Ce qui n'empêchait pas les notabilités de la cour nouvelle de se montrer en grand nombre chez le comte Appony, à commencer par les ducs d'Orléans et de Nemours; le premier d'une taille un peu plus élevée que le second, d'une chevelure plus foncée aussi, rappelant par le visage quelques-uns des traits de la reine Marie-Amélie; le second très-blond, très-bourbonien, ressemblant singulièrement aux portraits de Louis XV jeune, avec la différence de la moustache moderne : d'une remarquable distinction tous les deux.

Le passage de ces deux jeunes princes au milieu de la vieille noblesse frondeuse du faubourg Saint-Germain avait un côté très-piquant; ils n'étaient exposés d'ailleurs à aucune impolitesse de la part de gens trop bien élevés pour se livrer à quelque démonstration intempestive, et ils se trouvaient entourés non-seulement d'un état-major diplomatique ou officiel, mais encore de tout un escadron volant de jolies femmes appartenant à la société des Tuileries.

Les hommes qui avaient une réputation littéraire ou artistique étaient très-bien accueillis à l'ambassade d'Autriche, notamment Balzac et Eugène Sue. Ce dernier n'a pas toujours été un farouche républicain, il s'en faut de beaucoup. Mort en exil, mort démocrate socialiste, il avait longtemps vécu à Paris dans la société la plus aristocratique, et pour s'y faire recevoir n'avait reculé devant aucune démarche. Son talent lui eût d'ailleurs ouvert toutes ces portes auxquelles il ne dédaignait pas de frapper. Il aimait à vivre de la vie élégante, habitait au faubourg Saint-Honoré, rue de la Pépinière, une délicieuse maison à l'arrangement de laquelle il avait consacré beaucoup d'argent, et qu'il a très-exactement décrite dans un de ses romans. Il avait de beaux chevaux, de charmantes voitures dans lesquelles il aimait à se montrer à quatre heures, au bois de Boulogne ; il était mis avec recherche, et s'efforçait par l'élégance de sa toilette de racheter ce qui manquait de distinction à sa tournure un peu épaisse. De larges épaules bien carrées, une tête carrée aussi et abondamment couverte de cheveux d'un noir de jais, d'épais sourcils sous lesquels brillaient les yeux les plus fins et les plus intelligents du monde, un nez légèrement retroussé qui ajoutait encore du piquant à sa physionomie, tel était Eugène Sue. Ses œuvres viendraient au besoin corroborer ce que je dis relativement à ses goûts, à ses instincts, à ses tendances aristocratiques pendant la première partie de sa carrière littéraire qui a été la bonne, il faut bien le dire, car depuis qu'il s'est fourvoyé dans le socialisme républicain, toutes ses productions ont été frappées de la plus étonnante vulgarité; à ce point que ses œuvres complètes pourraient être classées en deux catégories bien distinctes : la première ayant une incontestable valeur au point de vue de la littérature d'imagination; l'autre entièrement dépourvue de style, d'invention, et n'offrant plus aucune trace de talent.

On a dit, et je crois la chose vraie, que l'éloignement soudain d'Eugène Sue pour les idées et pour les hommes qui dans le principe avaient si notoirement ses préférences, était venu de quelques réceptions plus froides qu'il avait rencontrées au faubourg Saint-Germain, peut-être même de quelques paroles hautaines et mal sonnantes qui seraient arrivées à son oreille dans ce monde aristocratique qu'il affectionnait, et où il avait voulu introduire comme lui sa sœur, la riche madame Caillard (des messageries Laffitte, Caillard et Cie), une excellente femme, extrêmement dévouée à son frère, et qui lui ressemblait physiquement de telle sorte, qu'en la voyant, on pouvait supposer voir Eugène Sue lui-même travesti.

Toujours est-il qu'à un certain moment qui ne précéda pas de beaucoup, d'ailleurs, la chute du roi Louis-Philippe, c'est-à-dire la surprise de Février 1848, le langage, les opinions, les habitudes d'Eugène Sue changèrent tout à coup. Ses écrits prirent une nuance non-seulement démocratique, mais socialiste, et désormais le grand monde fut aussi maltraité dans ses romans qu'il avait été peint en beau jusque-là. Puis avec la révolution de Février l'ambition politique d'Eugène Sue se fit jour; ses circulaires, ses professions de foi le firent arriver aux assemblées politiques. Il est mort en exil, dans cette Savoie qui devait, grâce à la singulière destinée de Victor Emmanuel, appartenir un jour à la France, il est mort après avoir publié, mal inspiré par le dépit, deux ou trois romans indignes de son talent, et en revendiquant le titre de libre-penseur, parce qu'il avait émis cette idée au moins étrange, que les Français devaient en revenir aux croyances de leurs ancêtres les Gaulois, c'est-à-dire à la *religion des Druides*. Partout, dans ses derniers écrits, cette tendance *druidique* se fait jour.

Revenons à l'ambassade d'Autriche et à ses réceptions brillantes :

Quel que fût l'éclat de ses bals d'hiver, les déjeuners dansants de la comtesse Appony avaient, ainsi que je l'ai déjà dit, un beaucoup plus grand prestige, et une plus grande notoriété. Il est vrai que rien n'était perdu dans ce que je nommerai la mise en scène de ces réunions charmantes. On arrivait en plein soleil, à deux heures et demie, et l'on se retirait à huit heures du soir. Cette longue file de voitures aristocratiques, ces livrées resplendissantes, ces chevaux piaffants, tout ce luxe, toutes ces toilettes de printemps plus agréables à l'œil mille fois avec leurs rubans et leurs fleurs que les diamants et les pierreries dont on surcharge les toilettes d'hiver, tout cet ensemble d'élégance et de richesse se produisait au grand jour, et pas un des détails qui composaient ce tableau aristocratique ne pouvait être perdu pour le spectateur.

En entrant, chaque femme recevait un bouquet et pénétrait dans les riches salons dont la comtesse Appony allait si gracieusement faire les honneurs, car elle personnifiait littéralement la vieille tradition de la haute société d'autrefois. Le comte, de son côté, avec la Toison d'or au cou et la plaque de Saint-Étienne sur la poitrine, offrait un type de grand seigneur affable, mais plein de dignité.

Les danses commençaient. La valse à deux

temps faisait fureur, et chacun s'élançait sur les traces des deux Rodolphe et de Julio Appony, maîtres passés dans cet exercice qui était un art. Parmi les élégants et les hommes à la mode de ce temps-là, figuraient le bel Antonin de Noailles, qu'on surnommait Antinoüs; M. de Nieuwerkerque, aujourd'hui surintendant des beaux-arts et sénateur, alors très-recherché et apprécié dans le monde légitimiste parce qu'il venait de produire une fort jolie statuette représentant le duc de Bordeaux à cheval, et le chapeau à la main. M. de Nieuwerkerque avait épousé mademoiselle de Montessuy, dont la brune beauté était remarquée dans le groupe des jeunes femmes qui avaient le privilége d'absorber les hommages et les invitations des danseurs.

Les ducs d'Ossuna, de Valençay et de Dino, les comtes Esterhazy, Zichy, de Morny, de Flamarens (aujourd'hui sénateur), de Chateauvillars, de Jumilhac, de la Tour du-Pin, Gustave de Montessuy, de Mornay, de Saint-Pierre, Guillaume de Knyff qui, comme un véritable météore, a traversé les salons de Paris, puis a disparu tout à coup englouti dans les difficultés matérielles de l'existence qu'il s'était faite ; le baron de Lotzbeck, les deux Labriffe, le marquis de Calvière, Alexis de Valon, jeune homme d'avenir, qu'un accident cruel devait si promptement ravir à la société parisienne, et Albert Courpon dont j'ai déjà parlé à propos du salon de la princesse Belgiojoso, élégante mais en même temps excellente et cordiale nature, également enlevé trop tôt par la mort aux sympathies de ses amis.

Puis venaient les grandes individualités de la richesse, telles que les Rothschild, les Hope, les Baring, les Thorn. Mais la finance, en général, quand elle n'avait pas d'autre titre que l'argent à l'attention du comte et de la comtesse Appony, ne parvenait que très-difficilement (quand elle y parvenait) à se faire inviter à l'ambassade d'Autriche.

Parmi les femmes on remarquait dans ces salons de la suprême élégance parisienne, mesdemoiselles Fitz-William, de Terzzi, de Stackelberg, de Chanterac, de Ganay, de Nicolaï, de Virieu, lady Canterbury, la duchesse de Sutherland, la princesse de la Trémouille, la marquise de Contades, les duchesses d'Istrie, d'Otrante, de Plaisance, mesdames d'Haussonville, de Vernaut, de Magnoncourt, et beaucoup d'autres que je mentionnerai plus tard en les plaçant dans le cadre qui les faisait ressortir le plus.

Vers cinq heures (l'heure était un peu tardive pour un déjeuner, mais il n'en faisait pas moins très-grand jour), les danses s'interrompaient, et l'on descendait les marches du perron de l'hôtel qui conduisait au jardin. Là étaient disposées sous les ombrages et au milieu des massifs une foule de petites tables élégamment servies où l'on s'installait, soit au hasard, soit par coteries, et où les charmes d'une causerie animée par le vin de champagne prolongeaient ou ravivaient les agréables émotions de la valse et du galop.

Puis on rentrait dans les salons; les danses reprenaient avec une vivacité nouvelle, et vers neuf heures tout ce beau monde se dispersait en emportant le souvenir d'une réunion dont rien à l'époque actuelle ne peut donner une idée, non pas qu'il ne puisse y avoir des fêtes aussi brillantes, mais parce qu'il n'y en a plus du même genre et données dans les mêmes conditions.

METTERNICH

VII

Le carnaval parisien sous Louis-Philippe. — Les boulevards pendant les jours gras. — Les promeneurs en voiture et les promeneurs à pied. — Les élégants travestis. — La pluie de bonbons. — Les fanfares du café de Paris et de Tortoni. — Lord Seymour. — Sa popularité. — Le bal de l'Opéra. — Les tombolas. — Le bal des Variétés. — La foule. — Les costumes. — Les danses. — Aspect étrange de ce bal. — Les bals de l'Opéra-Comique, du Palais-Royal, du théâtre Ventadour, de l'Odéon, de la Porte-Saint-Martin, de l'Ambigu, du Cirque. — Les Champs-Élysées d'hiver. — Les bals de l'hôtel Laffitte. — M. Masson de Puitneuf. — Le carnaval à tous les étages de la société. — Quelques viveurs de ce temps. — M. Romieu.

On a dit que le carnaval parisien du temps de Louis-Philippe était très-différent de celui d'à présent ; que son entrain, sa gaieté, les formes même dans lesquelles cette gaieté se produisait établissaient une différence essentielle entre les deux époques. Il y a beaucoup de vrai dans cette assertion.

L'aspect des boulevards, cette promenade vraiment unique en Europe, pendant les trois derniers jours du carnaval, c'est-à-dire le dimanche, le lundi et le mardi *gras*, présentait une animation, un mouvement, un spectacle d'une incomparable variété et d'une folie quelquefois très-divertissante.

Vers deux heures de l'après-midi, une double file de voitures se formait sur cette voie magnifique, qui s'étend de la Madeleine à la Bastille. C'était comme un avant-goût de la promenade de Longchamp, et les toilettes s'y faisaient voir, somptueuses et variées, dans les plus brillants équipages.

Ceci n'existe plus à notre époque.

Le dimanche et le mardi étaient les jours favoris, surtout lorsqu'une belle journée d'hiver rassurait sur la destinée des riches et élégants costumes d'hiver que l'on tenait à y produire. Ces jours-là une femme du monde tout en se levant tard à cause du bal de la veille, demandait sa voiture et allait sur les boulevards entendre les joyeuses fanfares sonnées, soit par des *gentlemen*, soit par des hommes du métier, aux fenêtres envahies de Tortoni ou du café de Paris (le café de Paris, encore un souvenir!). Elle passait du fond de sa calèche découverte la revue des membres du *Jockey's Club* réunis sur leur balcon au coin du boulevard et de la rue Drouot, et applaudissait les élégants porteurs de costumes bizarres qui paradaient dans des landaus à quatre chevaux, et haranguaient la foule en style tant soit peu trivial, tout en lui lançant à profusion des bonbons et des oranges.

Pour cette foule entassée sur les deux côtés de la chaussée, et contenue à grand'peine par les gardes municipaux à pied et à cheval, chacune de ces voitures conduites par des postillons couverts de rubans, renfermait le fameux, l'illustre lord Seymour, popularité sans pareille à laquelle le gamin de Paris avait donné un nom assez irrespectueux, mais qui n'en avait pas moins un énorme prestige.

Lord Seymour n'était connu et apprécié de la foule que sous le nom de « lord Arsouille; » on sait ce que ce mot « arsouille, » signifie en argot parisien.

Le soir, après avoir ainsi passé deux ou trois heures sur les boulevards au milieu de la foule joyeuse, la belle dame se rendait à quelque bal du monde, parfois à un bal travesti. Aujourd'hui les bals travestis sont si nombreux et si fréquents dans les hautes sphères sociales, qu'ils en sont devenus monotones. Jamais, à aucune époque, je crois, on n'a autant abusé du travestissement et du costume que de notre temps. On dirait, en vérité, que le monde d'aujourd'hui se trouve si laid, si gauche et si vulgaire qu'il ne voit rien de mieux à faire que de se déguiser.

A l'époque dont je parle, un bal costumé, soit chez M. le duc d'Orléans (ce qui n'arriva qu'après son mariage), soit dans un salon du grand monde, comme chez la marquise de Portes, par exemple, ou chez M. Thorn, soit encore chez quelque artiste en renom, comme Pradier le sculpteur, ou Alexandre Dumas, un bal costumé, dis-je, était une affaire d'état, à laquelle on se préparait deux mois à l'avance, et dont on parlait encore deux mois après.

Mais, en dehors de ces joies exclusives, bien des centres étaient ouverts, alors, aux appétits de danse et de joie.

L'Opéra, d'abord; l'Opéra où notre dame élégante allait peut-être, bien encapuchonnée dans son domino, et masquée jusqu'aux dents, se montrer, c'est-à-dire, pour parler plus exactement, pénétrer furtivement sur les deux heures du matin après avoir fait son apparition dans quelque salon du grand monde; l'Opéra, dont l'habile M. Véron venait en quelque sorte de rajeunir les bals, non-seulement en modifiant leur aspect et en y introduisant les costumes et de véritables ballets réglés par Coraly, mais encore en leur donnant l'attrait nouveau d'une loterie à l'Italienne, d'une *tombola* dont les lots étaient seuls très-capables de servir d'appât au public. Ainsi, parmi ces lots se trouvaient un magnifique piano de Pleyel, un service à thé d'Odiot, des bracelets de Janisset, un cachemire des Indes, une loge à l'année aux secondes de face (lot très-ambitionné par les amateurs), enfin, un tableau de Coudere, d'une importance relative assez grande. M. Véron avait parfaitement compris les instincts du siècle et flatté ses goûts, en introduisant dans ses plaisirs des combinaisons d'intérêt, en mêlant l'espoir et la convoitise du gain aux folies et aux intrigues du carnaval.

Non loin de l'Opéra, de l'autre côté du boulevard, le théâtre des Variétés ouvrait aussi ses portes à une foule masquée et travestie; c'était, il est vrai, la charge à côté du tableau, la parodie en face de la grande pièce; mais une charge pleine d'esprit, d'entrain; une parodie étincelante de verve, et à laquelle on n'aurait pu reprocher que d'en avoir trop.

Rien ne pourrait, en effet, donner une juste idée de la fougue de ces bals, où prit naissance la renommée de l'illustre Chicard. Le vieux carnaval du temps jadis semblait avoir trouvé un refuge dans l'enceinte où les Potier, les Brunet, les Tiercelin, les Baptiste Cadet avaient jadis provoqué et entretenu le fou rire de deux ou trois générations. Là on trouvait encore les pierrots, les arlequins, les poissardes, les cassandres, les turcs et les forts de la halle d'autrefois. Plus tard des costumes plus compliqués, des travestissements impossibles allaient remplacer ces déguisements primitifs, et le temps n'était pas éloigné où, grâce à d'audacieux novateurs, on allait voir poindre le casque romain orné d'un plumeau, accompagné d'un habit à queue de morue, d'une culotte de peau et de bottes à l'écuyère, costume éminemment fantaisiste appelé à produire une sensation immense, puis ces variétés infinies de *titis* et de *débardeurs*, très-gracieuses quelquefois, qui ont précédé les *bébés* d'aujourd'hui.

Si les inconcevables écarts de cette cohue enfiévrée de grosse joie et livrée tout entière à une sorte de délire chorégraphique étaient difficiles à évoquer par l'imagination et la pensée, ils étaient plus difficiles encore, peut-être, à contempler dans leur réalité, et à constater par les yeux.

Longtemps avant que les portes du théâtre fussent ouvertes, une foule compacte de masques faisait la queue sur le boulevard. Là se voyaient les pieds dans la boue, la tête et les épaules à peine couvertes, grelottant sous quelque mauvais manteau, quelquefois sous des parapluies, de chétives et délicates créatures que des brodequins de satin, des petits souliers découverts, un jupon écourté, un corsage écourté aussi, ne pouvaient absolument pas garantir des intempéries de la saison, et qui, donnant le bras à des hommes aussi peu chaudement vêtus qu'elles, souvent dans un débraillé complet, n'avaient cependant qu'une idée, idée fixe et pénible, non pas celle de la fluxion de poitrine qui pouvait bien les aliter le lendemain, mais la crainte de n'avoir peut-être pas de place dans cette salle littéralement envahie et prise d'assaut.

Les portes s'ouvraient enfin; la foule se précipitait, contenue à grand'peine par les gardes municipaux et les sergents de ville, vers les bureaux dont elle s'arrachait les billets. En un instant, et comme les flots de la mer à la marée haute, elle remplissait la salle et les couloirs.

Alors les danses commençaient (et quelles

danses!) au son d'un formidable orchestre où les cuivres dominaient. Les quadrilles diaboliques, les galops échevelés se succédaient avec un entrain et une rapidité indicibles ; les galops, surtout, étaient quelque chose de foudroyant, et certes une personne de mœurs tranquilles, d'habitudes paisibles, un provincial, par exemple, qui, tout d'un coup, eût pu être transporté au milieu de cette cohue bondissante, se fût parfaitement persuadé que, mort, il se trouvait livré à quelque bande de démons. Ce galop composé de couples étroitement embrassés où l'œil ne distinguait quelquefois plus les sexes, grâce aux costumes souvent intervertis, s'élançait tête baissée et bras en avant comme le beaupré d'un navire, renversant tout sur son chemin, perçant et traversant tous les groupes, brisant tous les obstacles, accrochant et entraînant au passage tous les êtres humains qu'il rencontrait, précipitant ainsi parfois au milieu de son tourbillon insensé quelque spectateur paisible, quelque observateur absolument désintéressé, le faisant galoper malgré lui, et, si par malheur il tombait, le foulant aux pieds et lui passant sur le corps comme une charge de cavalerie, tout en jonchant le sol, de toques, de turbans, de chapeaux de pierrot, de bonnets de poissarde, de plumes, de gaze et de fleurs.

Il arrivait assez souvent vers les une heure ou deux heures du matin, qu'une *société* se présentait un peu attardée au haut de l'escalier qui du balcon des premières loges communiquait avec le plancher de la salle, et qu'alors, afin sans doute de rattraper le temps perdu ou dans le but de mieux s'ouvrir un passage au milieu de la foule compacte qui encombrait l'escalier, cette *société* réunie, et se tenant, hommes et femmes, par la main, se laissait lourdement tomber du haut des marches sur tout ce qui se trouvait en dessous. Un moment, on le conçoit, la confusion était grande; on roulait les uns sur les autres, on se distribuait quelques horions; puis, en un clin d'œil chacun se retrouvait debout; les nouveaux venus s'intercalaient dans le galop, et tout finissait comme Beaumarchais prétend que tout finit en France : par des rires et des chansons.

Les bals de l'Opéra-Comique et du théâtre du Palais-Royal avaient la prétention d'être des *bals d'artistes*. Sur quoi cette prétention était-elle fondée, et quels étaient les arts que l'on y cultivait? Voilà ce qu'il était assez difficile de dire. Cependant il existait une nuance assez tranchée entre les grosses folies du bal des Variétés, la tenue et l'attitude de ses habitués et l'espèce de décence relative des danseurs de l'Opéra-Comique et du théâtre du Palais-Royal, parmi lesquels, il faut bien le dire, on distinguait quelques acteurs et actrices. L'Opéra-Comique occupait alors la salle de la place de la Bourse, consacrée aujourd'hui au Vaudeville.

Le théâtre Ventadour qui se nommait aussi Théâtre-Nautique à cause des prétentions aquatiques qu'il avait affichées à ses débuts, n'attirait guère à son bal masqué que le personnel tout à fait local des rues avoisinantes, et les amateurs de son quartier. Les prétentions aquatiques dont je viens de parler consistaient en un bassin rempli d'eau qui occupait dans le principe le milieu de la scène, où Norma, Rosine et Sémiramis font aujourd'hui entendre leurs roulades; car le Théâtre-Italien d'alors occupait la salle consacrée de nos jours à l'Opéra-Comique. On prétendait que, grâce à ce bassin dont l'eau pouvait à l'occasion retomber en cascade comme dans le ballet de *Guillaume-Tell*, représenté au théâtre Ventadour avec un certain luxe de mise en scène, que grâce à cette eau, disais-je, on aurait pu donner des fêtes vénitiennes, et procurer aux Parisiens le divertissement d'une promenade en gondole. Mais c'étaient les mauvais plaisants qui avançaient cela pour avoir, peut-être, la satisfaction de prétendre plus tard que les bals masqués du Théâtre-Nautique étaient tombés dans l'eau. La vérité, c'est que le fameux bassin de la salle Ventadour n'était, par le fait, qu'un bocal à poissons rouges un peu plus développé que le modèle ordinaire, et qu'il n'y avait absolument rien à en faire, même en temps de carnaval.

Les bals de l'Odéon avaient un caractère et un aspect particulier : sur ce terrain-là l'étudiant et la grisette ou, pour mieux dire l'étudiante, étaient les maîtres, parce qu'en réalité ils étaient chez eux. Murger dans sa *Vie de Bohême* a peint d'une façon magistrale les mœurs et les habitudes du quartier Latin. On s'imagine très-bien après l'avoir lu ce que doivent être les joies des naturels du pays, comme il les appelle, sans avoir besoin de faire le voyage. Le caractère de ces bals et leur physionomie n'ont pas beaucoup changé depuis l'époque dont j'évoque les souvenirs. Quelque plaisanteries mémorables les assaisonnaient seulement alors de temps en temps, plaisanteries dont la mémoire n'est pas encore tout à fait perdue :

Ainsi, un jour un homme de lettres et un artiste s'entendirent pour amener à ce joyeux bal masqué un personnage dont le costume était si exact, les gestes si naturels, qu'il obtint tout d'abord un immense succès, et produisit une très-vive sensation.

Ce personnage, c'était un ours.

Il n'y avait qu'un cri sur son passage :

— Comme c'est nature! Est il permis de se grimer avec un talent pareil!

Les choses allèrent très-bien au début. Après

avoir introduit leur personnage dans le monde distingué auquel ils le présentaient, l'homme de lettres et l'artiste s'étaient un peu écartés pour mieux jouir probablement de l'ensemble du tableau. Quelques dames, attirées par les exclamations et les éloges dont le nouveau venu était l'objet, s'étaient avancées et cherchaient par les agaceries les plus séduisantes à fixer son attention et à en tirer quelques mots d'encouragement.

Vain espoir! un souffle chaud, quelques sons inarticulés, voilà ce que recueillaient les plus curieuses.

Tout à coup, un cri s'éleva, cri de terreur et de surprise, et tout le bataillon féminin qui s'obstinait à entourer le noble personnage, s'enfuit aux quatre coins de la salle.

L'étranger de distinction venait de répondre au chatouillement d'un éventail qui lui caressait le museau, par un coup bien appliqué de sa grosse patte velue sur le bras nu d'une de ces dames, et avait accompagné ce geste si discourtois d'une pantomime plus discourtoise encore : il avait entr'ouvert sa gueule et montré deux rangées de dents dont l'éclat et la forme paraissaient faire trop d'honneur à son dentiste.

L'incident fit du bruit. Tout le bal était en émoi. Effarouché de ce tapage, l'ours semblait devenir de plus en plus inquiétant; et ses deux parrains, perdus dans la foule, paraissaient, eux, assez peu disposés à se mêler de ses affaires. Les sergents de ville, voulant remonter de la cause à l'effet, intervinrent, et, après un colloque assez animé avec le personnage en question, finirent, non sans difficulté, par l'emmener en fourrière, où son propriétaire fut forcé de venir le chercher le lendemain.

L'affaire eut pour ce dernier quelques conséquences désagréables; mais sans doute il les avait prévues, et cela ne rentre pas dans notre sujet.

Une autre aventure, plus scabreuse, se rapporte à cette époque de folie, et les chroniques diffèrent sur le lieu où elle se produisit. Fut-ce au bal des Variétés? fut-ce au bal de l'Odéon? Toujours est-il que quelqu'un paria qu'il introduirait au beau milieu de l'une ou de l'autre de ces réunions une femme uniquement vêtue de son boa et de ses gants. Le pari fut tenu, et de plus il fut gagné, grâce au manteau maintenu sur les épaules de la nymphe au moment de son entrée, et prestement enlevé ensuite.

Là, il y eut encore des suites désagréables, et c'était justice. L'argent du pari, qui était assez considérable, indemnisa, du reste, les acteurs de cette scène rapide, mais trop risquée.

A l'Odéon, les étudiants en médecine se permirent aussi quelquefois des plaisanteries funèbres dont l'amphithéâtre de l'École faisait tous les frais : plaisanteries presque coupables, car on ne joue pas avec la mort, et qui étaient un peu de tradition chez cette jeunesse plus turbulente alors qu'elle ne l'est aujourd'hui.

Les bals masqués de la Porte-Saint-Martin, de l'Ambigu et du Cirque-Olympique avaient une physionomie identique, mais particulière. Délices des commis marchands et des ouvrières en lingerie, en modes, en corsets, en bottines, en portefeuilles, en boutons, des rues Saint-Denis et

Saint-Martin, ils attiraient rarement une population exotique, mais avaient la bonne fortune d'être hantés par l'escadron volant des figurantes plus ou moins jeunes et jolies des théâtres de ce boulevard.

Au centre de la grande ville, à l'ancien hôtel de M. Laffitte, car le célèbre banquier, à force d'avoir *prêté à la grande semaine* (comme cela se disait en 1830) et pour d'autres causes aussi, s'était vu ruiner à peu près complétement par les événements qu'il avait provoqués lui-même; à l'hôtel Laffitte, dans la rue du même nom, M. Masson de Puitneuf avait également organisé des bals, mais des bals d'une apparence décente et bourgeoise, qui n'avaient rien de commun avec ceux mentionnés plus haut. Ce M. Masson de Puitneuf était l'*inventeur* des concerts des Champs-Élysées, concerts en plein vent qui eurent tout d'abord un très-grand succès. Ils se tenaient à l'entrée des Champs-Élysées, du côté droit, au milieu des quinconces d'arbres et dans un espace circulaire au centre duquel s'élevait un assez élégant pavillon destiné à abriter les musiciens.

duirait au beau milieu de l'une ou de l'autre de ces réunions une femme uniquement vêtue de son boa et de ses gants. Le pari fut tenu, et de plus il fut gagné, grâce au manteau maintenu sur les épaules de la nymphe au moment de son entrée, et prestement enlevé ensuite.

Là, il y eut encore des suites désagréables, et c'était justice. L'argent du pari, qui était assez considérable, indemnisa, du reste, les acteurs de cette scène rapide, mais trop risquée.

A l'Odéon, les étudiants en médecine se permirent aussi quelquefois des plaisanteries funèbres dont l'amphithéâtre de l'École faisait tous les frais: plaisanteries presque coupables, car on ne joue pas avec la mort, et qui étaient un peu de tradition chez cette jeunesse plus turbulente alors qu'elle ne l'est aujourd'hui.

Les bals masqués de la Porte-Saint-Martin, de l'Ambigu et du Cirque-Olympique avaient une physionomie identique, mais particulière. Délices des commis marchands et des ouvrières en lingerie, en modes, en corsets, en bottines, en portefeuilles, en boutons, des rues Saint-Denis et

Saint-Martin, ils attiraient rarement une population exotique, mais avaient la bonne fortune d'être hantés par l'escadron volant des figurantes plus ou moins jeunes et jolies des théâtres de ce boulevard.

Au centre de la grande ville, à l'ancien hôtel de M. Laffitte, car le célèbre banquier, à force d'avoir *prêté à la grande semaine* (comme cela se disait en 1830) et pour d'autres causes aussi, s'était vu ruiner à peu près complétement par les événements qu'il avait provoqués lui-même; à l'hôtel Laffitte, dans la rue du même nom, M. Masson de Puitneuf avait également organisé des bals, mais des bals d'une apparence décente et bourgeoise, qui n'avaient rien de commun avec ceux mentionnés plus haut. Ce M. Masson de Puitneuf était l'*inventeur* des concerts des Champs-Élysées, concerts en plein vent qui eurent tout d'abord un très-grand succès. Ils se tenaient à l'entrée des Champs-Élysées, du côté droit, au milieu des quinconces d'arbres et dans un espace circulaire au centre duquel s'élevait un assez élégant pavillon destiné à abriter les musiciens.

Ce fut là que Musard le père, qui dirigeait l'orchestre de ces concerts, devenus promptement très à la mode, conquit sa célébrité européenne. Ce fut là que furent exécutés pour la première fois les fameux quadrilles du coup de pistolet et de la chaise cassée, dont la génération dansante d'alors n'a pas perdu le souvenir.

Disons, pour en finir avec ces bals publics, expression du carnaval à tous les étages de la société parisienne, que le faubourg Saint-Honoré possédait aussi sa réunion dansante, les *Bals des Champs-Élysées d'hiver*, installés dans l'ancienne église de l'abbé Chatel. Ces bals étaient alimentés presque exclusivement par une aristocratie toute spéciale, celle des Martons et des Frontins des antichambres de grandes maisons.

Mais ce qu'il y avait peut-être de plus curieux, de plus saisissant, de plus étrange dans ces diverses scènes du carnaval parisien à cette époque, c'était, sans contredit, ce que l'on nommait la descente de la Courtille.

Il m'est arrivé ainsi qu'à l'un de mes amis, en

sortant d'un très-beau bal costumé donné par la marquise de Portes, et après un cotillon qui avait duré jusqu'à cinq heures du matin, d'être pris du désir de voir cette fameuse descente de la Courtille dont j'avais tant entendu parler.

Nos costumes n'étaient point un obstacle, bien au contraire, puisqu'il s'agissait de se mêler à une foule masquée. Seulement, nous jetâmes nos manteaux par-dessus, afin de combattre le plus possible l'air frais du matin; et, après être convenus avec le cocher d'une voiture de remise du prix spécial de ces sortes d'expéditions, nous partîmes rapidement pour gagner la ligne des boulevards.

Nous remarquâmes déjà, au coin du faubourg du Temple, que le café Hainsselin était rempli de curieux comme nous, qui étaient venus là tout exprès pour jouir du spectacle de la Descente. Seulement (et il était facile de le constater à leur figure reposée, aussi bien qu'à leur toilette toute fraîche), ces gens-là n'avaient point, comme nous, passé la nuit au bal; ils sortaient évidemment de leur lit, et s'étaient fait transporter à cette heure matinale sur le point consacré à leurs observations. Il y avait là des Parisiens et des étrangers, des touristes et des gens sédentaires. Un seul et même lien les unissait : la curiosité.

Ainsi que je l'avais prescrit au cocher, nous continuâmes notre course vers la barrière et nous la franchîmes. On nous avait bien recommandé, si nous voulions jouir complétement du spectacle que nous allions chercher, de pousser jusqu'aux maisons de la Courtille et de pénétrer même au *Grand-Saint-Martin*, la plus fameuse de toutes. C'est ce que nous fîmes.

Nous entrâmes dans une salle basse où des barrières étaient disposées à peu près comme dans le vestibule d'un théâtre. Nous allions les franchir, lorsque, sur un signe de la femme à visage réjoui qui se tenait majestueusement assise derrière le comptoir tout garni de victuailles, deux garçons nous retinrent poliment.

— Pour entrer, il faut consommer, dit l'un d'eux sentencieusement.

— Et qu'est-ce que l'on consomme? demandai-je.

— Combien êtes-vous? deux?

— Deux.

— Eh bien, ça fait deux litres.

— Et en argent?

— Ça fait un franc.

— Voilà un franc; gardez vos litres.

Et nous passâmes. Assurément on ne pouvait pas se procurer un spectacle à meilleur marché.

Mais quel spectacle! grand Dieu!

Nous gravîmes un escalier qui conduisait aux divers étages de l'établissement, pompeusement nommés *salons*.

A travers les cloisons et aussi par les portes entrebâillées des *cabinets de société*, on entendait des cris et des refrains impossibles à redire, on voyait des choses indescriptibles.

Arrivés au premier étage, nous entrâmes dans une grande pièce carrée, entourée de huit rangées de tables occupées par des buveurs. Au centre il y avait un espace assez large, entouré d'une balustrade en bois, et à l'une des extrémités duquel était installé un orchestre composé exclusivement d'instruments de cuivre qui faisaient un tapage réellement infernal.

M. de Chateaubriand dit dans son *Voyage en Amérique :* « Au milieu d'une forêt, on voyait une espèce de grange; je trouvai dans cette grange une vingtaine de sauvages, hommes et femmes, barbouillés comme des sorciers, le corps demi-nu, les oreilles découpées, des plumes de corbeau sur la tête, des anneaux passés dans les narines. Un petit Français, poudré et frisé comme autrefois, habit vert-pomme, veste de droguet, jabot et manchettes de mousseline, râclait un violon de poche et faisait danser *Madelon Friquet* à ces Iroquois. M. Violet, en me parlant des Indiens, me disait toujours : *Ces messieurs sauvages et ces dames sauvagesses.* Il se louait beaucoup de la légèreté de ses écoliers : en effet, je n'ai jamais vu faire de telles gambades. M. Violet, tenant son petit violon entre son menton et sa poitrine, accordait l'instrument fatal; il criait en iroquois : « A « vos places! » et toute la troupe sautait comme une bande de démons. »

Eh bien, ce que l'illustre voyageur rencontra et vit au fond de l'Amérique, sur la frontière de la solitude, comme il le dit lui-même, nous le vîmes, nous le rencontrâmes en pleine civilisation, à la barrière de Paris, sur la frontière des boulevards. Assurément, M. Violet n'était pas là dans son habit vert-pomme et dans sa veste de droguet; sa pochette était avantageusement (du moins en ce qui touche le bruit) remplacée par l'orchestre, qui semblait réunir toutes les trompettes du jugement dernier; assurément cet orchestre-là n'était point payé non plus en peaux de castors et en jambons d'ours. Mais, réellement, les sauvages étaient là : il y avait bien une cinquantaine de danseurs des deux sexes au milieu de l'espace entouré de barrières que j'ai déjà mentionné, et ces danseurs, vêtus d'une façon tout aussi étrange que les Peaux-Rouges du désert, gambadaient, tout aussi bien qu'eux, à l'instar d'une bande de démons.

Comment caractériser autrement, en effet, les mouvements, les contorsions de ces amateurs passionnés de la danse dévergondée qu'on va encore aujourd'hui regarder curieusement dans nos bals publics, de cette espèce de *chica* française qui de nos jours n'est plus que folle et amusante, mais qui, dans le principe, était si complétement, si ouvertement obscène? On ne la tolérait guère que le mardi-gras et dans des bals de barrières, sans en surveiller de très-près les trop fougueux écarts.

Aujourd'hui, les administrations de certains bals publics recrutent et payent assez cher, pour figurer dans un ou deux quadrilles, les habiles exécutants de cette danse accentuée. Ils savent que c'est un grand attrait pour l'étranger de passage à Paris. A l'époque dont je parle, il y avait parmi les ouvriers, les soldats, les jeunes gens appartenant à l'industrie ou au commerce, une foule de gens qui la dansaient très-savamment, et pour leur satisfaction personnelle.

Nos cinquante danseurs et danseuses du *Grand-Saint-Martin* l'exécutaient, eux, avec une *furia* et des gestes si expressifs que les Nègres les plus habitués à leur *chica*, bien significative pourtant, en eussent été confondus. Franchement, c'était un spectacle fait pour dégoûter au superlatif de l'espèce humaine; et les spectateurs attablés tout autour, buvant ou cuvant leur vin bleu et rongeant leurs os, le coude appuyé sur ces nappes couvertes d'odieuses taches et qui n'avaient pas été changées depuis le dimanche-gras; étendus quelquefois, hommes et femmes, sur ce plancher émaillé de toutes sortes de débris, et y ronflant à leur aise; les spectateurs, dis-je, étaient pour le moins aussi dégoûtants que le spectacle lui-même. Avez-vous vu, au musée du Louvre, le splendide tableau de Rubens représentant une kermesse? Il y a, tout le monde en conviendra, des détails assez vifs dans cette joyeuse page du grand-maître. Eh bien, son orgie flamande n'est qu'une naïveté à côté de mon orgie de la Courtille.

Nous nous enfuimes.

— Ces messieurs en ont déjà assez? dit notre cocher en souriant et en nous ouvrant la portière de sa voiture. Aussi bien, ajouta-t-il, voilà la descente qui va commencer et elle s'annonce devoir être belle.

Les masques affluaient, en effet, de tous côtés ; et déjà se formait sur la chaussée une double file de véhicules de toute espèce, depuis la tapissière et le cabriolet de place jusqu'à la voiture de maître brillamment attelée, comme celle de lord Seymour, par exemple, avec ses quatre magnifiques chevaux anglais, ses élégants postillons et les piqueurs qui la suivaient en faisant entendre des fanfares de chasse, magistralement exécutées. Il y avait bien quinze ou dix-huit cents voitures qui défilaient de la sorte devant un public de soixante mille curieux au moins.

Dans des calèches découvertes, on voyait des femmes masquées qui jetaient à la foule des sacs de dragées, sur lesquels elle se précipitait au risque de se faire écraser. Plus loin chevauchait un riche et très-excentrique étranger, en costume moyen âge, lequel tirait de temps en temps d'une aumônière suspendue à sa ceinture des pièces de cinq francs, qu'il lançait par poignées au milieu de cette foule ébahie. Ailleurs, un faux meunier distribuait à pleines mains sa farine dans les carrosses, en accompagnant sa rude pantomime des propos les plus grivois, auxquels on répondait dans un langage emprunté au *Catéchisme poissard*. Ailleurs encore, le Cirque-Olympique se rappelait au bon souvenir du public par l'exhibition d'une diligence surmontée d'une douzaine de musiciens jouant des ouvertures d'opéras. Les quatre chevaux qui la traînaient, les voyageurs qui l'occupaient, les postillons qui la conduisaient étaient tous des acteurs du Cirque, et je crois, en vérité, que la diligence elle-même avait joué aussi son rôle dans quelque mélodrame plus ou moins militaire.

Après avoir joui amplement de ce curieux spectacle que nous étions venus si matinalement chercher, nous descendîmes à la hauteur du célèbre restaurant des *Vendanges de Bourgogne*.

Beaucoup de voitures *bourgeoises*, comme disait notre cocher, étaient déjà arrêtées devant ce restaurant presque historique, grâce aux nombreux banquets politiques dont il avait été le théâtre.

Nous montâmes dans les salons, encombrés d'une foule généralement masquée et costumée, mais au milieu de laquelle apparaissaient pourtant quelques curieux en habit de ville. On faisait grand bruit dans les cabinets, et, dans les escaliers, il y avait un va-et-vient continuel des gens du meilleur monde. La voiture de lord Seymour, arrêtée devant la porte, annonçait la présence de son noble propriétaire. J'entrevis deux jeunes pairs de France : le comte Germain, à cette époque l'un des plus élégants représentants de la jeunesse parisienne; et M. d'Alton-Shée, dont les débuts oratoires au Luxembourg donnaient alors tant d'espérances, et qui un instant, en 1848, a voulu jouer un rôle républicain; puis, soit insouciance, soit dégoût, soit fatigue, a tout à coup disparu de la scène politique. M. Gilbert de Voisins, le mari de mademoiselle Taglioni, se trouvait là également avec un homme d'infiniment de verve et d'esprit, M. Romieu.

M. Romieu a été une individualité très-particulière et très-originale de cette époque, un type singulier de viveur et de mystificateur qui ne pourrait plus guère se reproduire en ce temps-ci, ce qui ne l'empêchait pas d'être sérieux et travailleur quand il le voulait et quand il le fallait.

C'était non-seulement un homme d'esprit, mais encore un homme d'une grande portée d'esprit, et jamais, peut-être, il n'a existé un meilleur préfet. Car avant de se faire écrivain politique, avant de lancer ce fameux *Spectre rouge* qui a eu son influence et produit son effet, avant de devenir, après le 2 décembre 1851, conservateur en chef des bibliothèques impériales, Romieu avait été préfet de plusieurs départements importants, entre autres de la Dordogne et d'Indre-et-Loire. C'est comme membre du conseil général d'Indre-et-Loire que je l'ai vu à l'œuvre de très-près, et que j'ai pu apprécier avec quelle merveilleuse facilité de travail, avec quelle singulière faculté d'intuition administrative il parvenait, malgré d'assez fréquentes absences, à se mettre au courant de tous les grands intérêts de son département, à les exposer ou à les défendre avec une lucidité parfaite; à ne jamais être pris au dépourvu dans aucune question un peu importante.

Romieu était de petite taille, assez maigre, d'une figure spirituelle et finement malicieuse qu'illuminaient deux petits yeux gris, vifs et brillants.

Avec toutes les qualités sérieuses que je viens d'indiquer, ce dernier représentant de la gaieté gauloise n'en prenait pas moins un très-grand plaisir, au début de sa carrière politique et dans des jours de carnaval comme ceux que je décris, à se livrer à des plaisanteries de gamin de Paris en belle humeur. C'était bien un peu, en effet, le gamin de Paris devenu majeur, que cet excellent Romieu dont une célèbre circulaire pour la destruction des hannetons dans l'arrondissement qu'il était appelé à administrer, avait signalé l'entrée dans la carrière.

Ainsi, par exemple, sortant de quelque restaurant fameux où il avait brillamment dîné avec des amis, et se voyant obligé de trop soutenir l'un d'eux qui ne pouvait plus se soutenir lui-même, Romieu déposait pieusement son fardeau dans la rue et plaçait un lampion dessus.

Puis, un peu plus loin, s'arrêtant devant un marchand drapier et considérant attentivement chaque pièce d'étoffe suspendue à la porte, il murmurait : « Ce n'est pas cela, ce n'est pas encore cela qu'il me faut. — Entrez, je vous en prie, monsieur, » disait alors le marchand ; et s'adressant à ses commis : « Alfred, Edmond, Casimir, Arthur, montrez à monsieur tout ce que vous avez de plus beau. » Les commis s'empressaient, les rayons se vidaient, le magasin était bientôt sens dessus dessous ; car Romieu, jetant un regard terne sur chaque coupon que l'on déroulait devant lui, répétait toujours aussi mélancoliquement : « Ce n'est pas encore cela qu'il me faut. »

— Mais que vous faut-il donc, monsieur ? » se hasardait à demander le maître de l'établissement.

Et Romieu lui répondait tranquillement :

— Il me faudrait un fusil à piston.

Plus tard, lorsque les années commençaient à argenter sa chevelure un peu longue et carrément coupée, ce dernier des mystificateurs avait encore, malgré lui, de ces réminiscences de son jeune passé et subissait l'influence des vieilles habitudes.

Préfet, et visitant les dépendances de sa pré-

LOUIS PHILIPPE Ier

VIII

La cour de Louis-Philippe au Palais-Royal et aux Tuileries. — Sa maison et celle de la Reine. — Ses habitudes quotidiennes. — Sa famille. — Le Prince royal et le duc de Nemours. — Leur éducation et leurs premières armes. — Le prince de Joinville et le duc d'Aumale. — Entourage du Roi. — Le premier ministère après 1830. — Grandes individualités politiques du temps. — L'intimité des Tuileries. — Apparences extérieures. — Les équipages. — Le char-à-bancs de famille. — Anecdote. — Don Carlos et Louis-Philippe. — Simplicité élégante de la cour des Tuileries. — Les grands bals. — Les petits bals de la Reine. — Les concerts. — Aspect général. — Les toilettes des femmes. — Les costumes des hommes. — Le corps diplomatique — Voyage du duc d'Orléans et du duc de Nemours à Berlin et à Vienne. — Mariage du Prince royal. — Maison de madame la duchesse d'Orléans. — Fêtes du mariage. — Inauguration du musée historique de Versailles. — Détails. — Victor Hugo et Eugène Sue.

Si, comme je l'indiquais en commençant ce tableau de mœurs contemporaines, quelque ambitieux ou curieux de province eût, après la Révolution de 1830, cherché à pénétrer au Palais-Royal et à voir de près la nouvelle royauté sortie de la déplorable lutte de Juillet, il eût sans doute été étonné de la simplicité du spectacle que présentait alors l'intérieur du roi Louis-Philippe.

Ce prince n'avait d'abord rien ajouté à l'entourage qu'il avait comme duc d'Orléans. C'était toujours pour lui, comme pour ses deux fils aînés, la même maison militaire, composée des mêmes officiers, dont les principaux étaient, on le sait, les généraux de Rumigny, Athalin, Marbot, Beaudrand, Gourgaud et d'Houdetot. Le comte Anatole de Montesquiou demeura chevalier d'honneur de la reine, comme il l'était de la duchesse d'Orléans. La maison de la reine ne se composa jamais de plus de quatre dames d'honneur. Rien de plus simple et l'on peut dire de plus bourgeois, que l'aspect du salon de famille au Palais-Royal, dans les premiers mois de 1830, alors que Louis-Philippe, au milieu de ses beaux enfants, entouré de la reine, de madame Adélaïde, de quelques aides de camp et des anciens familiers ou partisans qui n'avaient pas attendu l'heure du succès pour se rattacher à sa fortune, recevait avec une bonhomie plus apparente que réelle, mais, dans tous les cas, très-courtoise, les personnes qui avaient désiré l'entretenir et obtenu une lettre d'introduction.

Et cependant en présence de la situation politique et de la situation morale du pays, lesquelles ne semblaient, de prime abord, offrir rien de rassurant au point de vue de la stabilité, un seul homme apparaissait debout, confondant en sa personne, aux yeux du plus grand nombre, le rôle de défenseur du trône et de champion de la société menacée; et cet homme, c'était ce prince bourgeois, en apparence, et bon père de famille qu'il était si aisé d'aborder et qui vous recevait si cordialement.

La première moitié de cette tâche présentait déjà d'immenses difficultés, et ce fut en réalité à celle-là que Louis-Philippe consacra peut-être un peu trop exclusivement ses efforts. Son expérience révolutionnaire devait bien le servir dans l'indispensable connaissance des hommes, et aucun souverain ne sut jamais, mieux que lui, démêler au premier coup d'œil les aptitudes, les vanités, les faiblesses de ceux dont il voulait utiliser les services. Aimant le travail, très-régulier dans les habitudes ordinaires de la vie, Louis-Philippe se levait de bonne heure, se plaisait à faire son feu lui-même en hiver, lisait avec attention les gazettes étrangères, plus particulièrement les feuilles anglaises, sans se préoccuper beaucoup des journaux français, à moins (ce qui était fort rare) qu'un article n'eût été signalé à son attention. Il se livrait ensuite à la correspondance privée qu'il entretenait avec quelques personnages, le plus souvent représentants de la France à l'étranger. Puis, après un frugal repas, il assistait au conseil des ministres, ou recevait des députations provinciales, ce qui arrivait fréquemment dans les premiers mois de la Révolution de 1830. Enfin, après une promenade plus ou moins longue, il prenait un second repas composé des mets les plus simples, invariablement les mêmes : c'étaient des potages de différentes sortes que le roi mangeait successivement; une volaille au riz, et à la fin du repas, un verre de vin d'Espagne. Il restait ensuite jusqu'à dix heures du soir dans le salon de famille et se retirait dans un cabinet pour y écrire de nouveau jusqu'à une heure avancée de la nuit. Vie sobre, régulière, intelligemment distribuée, que Louis-Philippe avait menée au Palais-Royal et qu'il continua aux Tuileries jusqu'à la fin de son règne.

Il y avait tout à la fois dans le caractère et dans l'attitude de ce prince du Louis XIV et du Louis XI : du Louis XI (moins l'ignorance, la superstition et l'indifférence en matière de cruauté), alors que, voulant flatter le bourgeois, *son bon compère*, dont il était véritablement la représentation couronnée, il lui prodiguait des caresses et des flatteries ; du Louis XIV, lorsque le juste orgueil de sa race jaillissait soudainement au contact de certains hommes, en présence de certains oublis du respect et des convenances ; enfin dans la pensée vraiment royale de la restauration de ce Versailles, plein des souvenirs du grand roi, œuvre dernière et magnifique que les révolutions ne devaient pas lui laisser achever tout entière telle que son esprit l'avait rêvée et que sa volonté l'avait résolue.

Autour de Louis-Philippe se groupait une nombreuse et jeune famille que deux fils dominaient de la tête. L'aîné, le duc de Chartres dont la révolution venait de faire un duc d'Orléans, avait reçu de la constitution nouvelle le titre de prince royal, emprunté aux cours d'Allemagne (la désignation de dauphin ayant paru trop monarchique pour être appliquée au fils du roi, anomalie fréquente à cette époque singulière).

Grand et d'une taille élancée, le duc d'Orléans devait à l'éducation publique que, par un calcul de Louis-Philippe, ses frères, ainsi que lui, avaient reçue, un aplomb, une juste confiance en lui-même et une facilité de parole souvent heureuse qui prévenaient favorablement au premier abord. C'est un réel avantage pour les princes que ces qualités qui seraient peu de chose pour les autres hommes, surtout lorsque la nature y a joint un physique élégant; car les masses se prennent facilement aux séductions extérieures. Le premier mouvement du duc de Chartres avait été de voler, à la tête de son régiment, le 1er hussards, au secours de Charles X menacé, et rencontrant madame la Dauphine qui se hâtait de rejoindre le cortége royal par des routes détournées, de la protéger contre les populations déjà menaçantes. Averti promptement de la portée des événements par les soins de Louis-Philippe, il dut rentrer immédiatement à Paris et se mettre à la tête de la jeunesse libérale.

Un des graves et inévitables inconvénients de l'éducation publique de M. le duc de Chartres, c'était la camaraderie obligée qu'elle avait créée entre lui et un assez grand nombre de jeunes gens, plus ou moins capables, plus ou moins honorablement placés dans le monde, quelques-uns se recommandant par des noms révolutionnaires, tous se croyant créanciers du jeune prince par le seul fait de leur présence simultanée sur les bancs de l'école, et appelés nécessairement à occuper un emploi élevé dans l'État. Fâcheux entourage auquel le duc d'Orléans aurait pu, sans le tact qui le distinguait, emprunter des manières peu dignes de son haut rang et un langage dont le laisser-aller déplaisait singulièrement au roi, lorsque l'imprudence des propos n'allait pas jusqu'à embarrasser sa politique. De précieuses qualités de cœur eussent, d'ailleurs, amplement racheté chez l'homme les défauts qu'on aurait pu signaler chez le prince dont la jeune carrière devait être si cruellement et si soudainement brisée. Aussi, lorsqu'une funeste catastrophe vint le ravir à sa famille, la joie des partis hostiles fut-elle moins grande que leur sympathique émotion.

Le duc de Nemours, second fils du roi, n'avait que seize ans lorsque éclata la Révolution de juillet. Esprit droit, tête bien organisée, cœur loyal, ce prince devait être l'un des plus sérieusement capables des enfants de Louis-Philippe, et pourtant l'un des moins populaires. Le sentiment de sa dignité personnelle passait pour de la froideur aux yeux des masses prévenues ; et bien que sa nature physique fût encore plus distinguée que celle de son frère, elle frappait moins au premier abord, parce qu'elle manquait d'expansion. Le roi résumait parfaitement les qualités et les défauts de cette nature, en disant de son second fils : « Nemours aurait dû naître archiduc. »

Les deux jeunes princes devaient bientôt voir le feu dans la tranchée d'Anvers et plus tard payer de leur personne en Afrique. Au combat de l'Habrah, le duc d'Orléans, s'élançant bravement vers les ravins garnis d'aloës où se groupaient les Arabes, fut atteint à la cuisse d'une balle morte qui lui fit une assez forte contusion. Que ce prince, si fatalement marqué par la destinée, ne succombait-il, du moins, sur ce glorieux champ de bataille !

Lors de la première expédition de Constantine, cette singulière cité arabe, perchée sur un rocher comme un château enchanté des vieux contes de chevalerie, M. le duc de Nemours se rendit à Bone afin de prendre part à la campagne projetée. Dès que cette expédition avait été résolue, on avait vu un certain nombre de volontaires appartenant aux hautes classes de la société parisienne briguer l'honneur de partager les fatigues et les périls de nos soldats. Les ducs de Mortemart et de Caraman, le comte de Sainte-Aldegonde, quelques jeunes gens des salons de Paris, appartenant à l'état-major de la garde nationale, avaient sollicité cette faveur. Parmi ces derniers se trouvait M. Sannegon, très-connu dans le monde de la finance et du *sport*, et qui mourut misérablement de froid et de maladie pendant la retraite illustrée par l'héroïsme de Changarnier.

On sait que cette première expédition de Constantine, dirigée par le maréchal Clausel, n'aboutit pas. Des obstacles sur lesquels, trompé par de faux rapports, le maréchal n'avait pas compté, les intempéries de la saison, le petit nombre de nos soldats, dont le total ne se montait pas à huit mille hommes, y compris les bataillons indigènes, toutes ces circonstances réunies la firent avorter. M. le duc de Nemours éprouva un cruel accident dans la traversée du retour. Pendant le gros temps il fut renversé par le roulis sur le pont de son navire et se cassa le bras, blessure dont il fut assez longtemps à se remettre.

Plus tard, M. le prince de Joinville et M. le duc d'Aumale devaient suivre l'exemple noblement donné par leurs ainés.

En dehors de sa famille et de sa maison, l'entourage habituel du roi se composait de ses ministres, d'abord, et puis de ces amis de la veille dont je parlais tout à l'heure, de ces hommes politiques qui s'étaient, de suite, rangés autour de lui, et sur le concours desquels il pouvait compter.

Les premiers ministres de la monarchie de 1830 furent le comte Molé, aux affaires étrangères ; le général (depuis maréchal) Gérard, à la guerre ; le duc de Broglie, à l'instruction publique avec la présidence du conseil d'État ; M. Guizot, à l'intérieur ; le baron Louis, aux finances, et M. Dupont (de l'Eure), à la justice.

MM. Jacques Laffitte, Casimir Périer, Dupin ainé et le baron Bignon avaient été nommés ministres sans portefeuilles.

En toute autre circonstance il eût semblé étrange de voir le nom de M. Dupont (de l'Eure), du vétéran révolutionnaire, uni sur une liste ministérielle à des noms qui représentaient surtout le pouvoir, l'autorité monarchiques, tels que ceux de MM. Molé, Guizot et de Broglie; la présence dans le même conseil de MM. Laffitte et Casimir Périer pouvait également donner lieu à de singulières remarques. Mais la situation imposait des obligations impérieuses et, d'ailleurs, à cette époque de la révolution de Juillet, les dissidences d'opinion qui plus tard devaient se produire avec tant d'éclat entre le parti du *mouvement* et celui de la *résistance*, n'existaient pas encore ouvertement. Au sortir d'une lutte commune, d'un péril commun, les nuances tranchées ne se laissent qu'entrevoir. Seulement, parmi les individualités qui entouraient la royauté nouvelle, les unes appartenaient à des hommes d'État, les autres à des hommes de parti. On naît agitateur ou conservateur, adversaire du pouvoir ou défenseur de l'autorité, et il est rare que l'on ne subisse pas jusqu'à la fin de sa carrière les exigences du tempérament politique dont on a été doté dans le principe. Les hommes d'État ont été créés pour consolider ou reconstruire, comme les hommes de parti pour détruire et renverser. Bon nombre de ces derniers voulaient circonvenir, conseiller le nouveau roi, et ce ne fut pas pour Louis-Philippe, habile appréciateur des caractères, une médiocre difficulté que d'écarter peu à peu de sa politique ces hommes dont les entraînements eussent pu devenir si dangereux. On a appelé cela de l'ingratitude; ce n'était que de la prudence.

Le roi rencontrait dans le comte Molé les précieuses traditions inhérentes à la grande école du premier Empire; dans M. Guizot qui n'avait pas encore atteint l'apogée de son talent et de sa juste renommée d'homme d'État, la fermeté unie à la science politique; dans M. de Broglie, toute la valeur d'un esprit systématique, mais éminent. Le maréchal Gérard lui offrait le loyal concours de son épée et le prestige d'un beau nom militaire. Il y aurait eu beaucoup à attendre de M. Casimir Périer; mais, placé en dehors la combinaison ministérielle active, son heure n'était pas encore venue. MM. Laffitte et Dupont (de l'Eure), avec une immense différence de tenue, de convenances, d'intelligence politique, toute en faveur du premier, n'en étaient pas moins essentiellement médiocres. M. Laffitte, qui s'imaginait que les hommes qui ont contribué le plus largement à faire les révolutions sont ceux qui en profitent et les dirigent, n'avait pas encore pour le roi la haine qu'il devait bientôt lui vouer sous l'empire de déceptions inévitables. Il se montrait familier dans le conseil, mais savait du moins ne jamais perdre le respect. Quant à M. Dupont (de l'Eure), prodigue de paroles rudes, grossières, malséantes, il fallait au roi une grande patience et beaucoup d'abnégation personnelle pour parvenir à le supporter.

Poursuivant de ses rancunes libérales la magistrature de la Restauration, M. Dupont (de l'Eure) l'aurait volontiers sacrifiée tout entière aux faméliques exigences dont il était entouré et quotidiennement accablé. Fort heureusement le salutaire principe de l'inamovibilité trouva dans M. Dupin aîné un défenseur éloquent et courageux. Ce fut une des meilleures, ce fut peut-être la meilleure des actions politiques de cet homme pour lequel la tombe vient de s'ouvrir. D'une rudesse quelquefois involontaire, mais souvent calculée, représentant attardé dans ce siècle des prétentions frondeuses de nos vieux parlements, ayant aussi, en vrai Gaulois, gardé le secret du pittoresque et hardi langage, M. Dupin a rendu de réels services à la monarchie de 1830, tout en la gourmandant, mais a contribué, comme tant d'autres, à la renverser sans le savoir et surtout sans le vouloir.

On a souvent parlé de la fameuse visite de M. Dupin à Neuilly pendant les journées de Juillet. Ce qui est moins connu, c'est que M. Persil l'accompagnait dans cette promenade politique. Ils s'étaient mutuellement promis que leur démarche serait, en ce qui les touchait personnellement, parfaitement désintéressée, et qu'ils n'accepteraient aucun emploi du gouvernement nouveau. Mais, avec toute la bonne foi humaine, ce sont de ces serments qu'il est difficile de tenir lorsqu'on se trouve lancé au milieu d'une révolution à laquelle on a pris une part aussi directe, aussi active. M. Dupin fut bientôt appelé aux fonctions de procureur général près la Cour de cassation et M. Persil dut accepter celles de procureur général à la Cour royale de Paris. Le premier est devenu sénateur, l'autre conseiller d'État sous le second Empire.

En dehors des ministres, le groupe d'hommes politiques dont Louis-Philippe était entouré se composait notamment de Benjamin Constant, que le jeu et les veilles avaient plus fatigué et plus vieilli que la politique; du prince de Talleyrand, déjà désigné pour l'ambassade de Londres; de MM. Thiers, Duchatel, de Salvandy, Villemain, Mignet, Bertin de Vaux, Saint-Marc Girardin, de Kératry, Charles Renouard, nommés conseillers d'État ou maîtres des requêtes; de M. Odilon Barrot, appelé au poste de préfet de la Seine quelques jours après son retour de Cherbourg, et du préfet de police, M. Girod (de l'Ain).

Mais cet entourage-là, qui s'accrut bientôt de nouveaux noms, ce n'était déjà plus l'entourage intime. L'intimité pour Louis-Philippe c'était, après les membres de sa famille, ses plus anciens aides de camp, dont j'ai dit les noms;

M. de Montalivet, qui fut bientôt nommé intendant de la liste civile; M. Vatout, député, et parmi les précepteurs des princes, qui plus tard devaient devenir secrétaires de leurs commandements, un homme de talent et de bon conseil, M. Cuvillier-Fleury.

Dans les premiers temps qui suivirent la révolution de Juillet, l'apparence extérieure de la royauté fut tout aussi simple que ses habitudes intérieures. Louis-Philippe se rendait à Neuilly dans un char-à-bancs découvert, véritable voiture de famille dont on a plaisanté quelquefois, mais qui était parfaitement commode et n'avait que le tort d'être sans prétention. Les carrosses de la cour ne furent d'abord conduits qu'à deux chevaux; puis, un peu plus tard, attelés à quatre avec un seul piqueur devant. Ces voitures étaient peintes en jaune clair et sur le panneau du milieu se détachait un écusson très-simple reproduisant les lettres initiales des deux noms du roi, surmontées d'une couronne royale. Le soir, lorsque Louis-Philippe ou la reine sortaient par hasard, leur voiture était précédée, suivant l'ancien usage, qui n'existe plus aujourd'hui, d'un piqueur portant une torche, ce qui, par parenthèse, produisait un effet très-pittoresque au milieu de la nuit sombre.

Jamais il n'y eut (et encore successivement) que deux personnes chargées, en qualité d'écuyer, de l'ordonnance des équipages du roi et de ceux de M. le duc d'Orléans : ce furent M. de Strada et M. de Cambis.

Les équipages de Louis-Philippe n'en furent pas moins toujours d'une convenance parfaite et ceux des princes d'une véritable élégance.

Le char-à bancs de campagne dont je parlais tout à l'heure me remet en mémoire une anecdote assez curieuse :

Don Carlos, le frère de Ferdinand VII d'Espagne, avait résolu d'aller rejoindre ses partisans et de se mettre à leur tête pour revendiquer, l'épée à la main, le trône que lui avait enlevé la célèbre pragmatique, abolissant la loi salique en Espagne et appelant ainsi les femmes à succéder.

A la suite du traité de la quadruple alliance,

le prince, quittant Évora et le Portugal pour se rendre en Angleterre, s'était d'abord fixé à Portsmouth avec sa famille; puis, après avoir expédié à Londres des affidés chargés de lui obtenir des passeports sous un faux nom et de prendre tous les arrangements que nécessitait son aventureuse entreprise, s'y était rendu lui-même et avait choisi pour y demeurer Glocester-Lodge, ancienne résidence de Canning, située dans le beau quartier, à quelque distance de Hyde-Park.

Il n'y avait pas à songer à regagner l'Espagne par mer, le gouvernement de la reine régente Christine ayant été prévenu de la possibilité d'un débarquement du prétendant dans un des ports du Guipuscoa ou de la Biscaye, et des croisières anglaises, espagnoles et françaises surveillant les côtes avec une extrême vigilance.

On résolut donc de passer le détroit, de traverser la France et de franchir les Pyrénées, itinéraire plus difficile à suivre, sans doute, mais qui, d'un autre côté, présentait un péril moins sérieux, car en supposant que l'on fût découvert, mieux valait encore tomber entre les mains de la police française qu'au pouvoir du gouvernement espagnol.

Il avait été convenu que don Carlos sortirait à l'heure ordinaire de sa promenade, c'est-à-dire vers six heures du soir (on était au mois de juillet), accompagné d'un homme dévoué, M. Aguares, ancien attaché à la légation de Sardaigne, et qu'il se rendrait avec lui à une place de voitures distante d'un mille environ de Glocester-Lodge; que de là il se ferait conduire dans Welbeck-Street, Cavendish Square, où l'attendait, dans une maison désignée d'avance, le baron de Los Valles, son aide-de-camp. Là le prétendant prendrait les dernières dispositions nécessaires à son entreprise, se raserait les moustaches et se ferait teindre les cheveux.

Lorsque la nuit approcherait, on dirait à Glocester-Lodge que le prince était revenu de sa promenade avec une migraine si violente qu'il s'était vu dans l'obligation de se coucher immédiatement.

Son médecin, qui avait voulu l'accompagner sur la terre étrangère, et son valet de chambre, deux hommes d'une fidélité à toute épreuve, devaient être mis dans la confidence. Le médecin, après avoir pénétré dans l'appartement et visité l'auguste malade, écrirait une ordonnance que l'on irait sur-le-champ faire préparer dans le quartier. La chambre du prince ne serait accessible pour toute autre personne, en dehors de celles déjà mentionnées, que pour son épouse, pour la princesse de Beira et pour l'évêque de Léon. Les infants eux-mêmes en seraient tenus écartés. Enfin, si la fuite du prétendant était découverte, on ferait partir deux de ses gentilshommes dans une chaise de poste attelée de quatre chevaux et l'on enverrait aux journaux une note racontant que le prince venait de se transporter à Lulworth pour visiter cette ancienne résidence du roi Charles X, où il avait l'intention de se fixer ultérieurement avec sa famille.

Tout se passa suivant le programme : don Carlos sortit de Glocester-Lodge à l'heure ordinaire de sa promenade et vint retrouver dans la maison de Welbeck-Street son aide-de-camp, le baron de Los Valles. Ce baron de Los Valles n'était autre qu'un Français, M. Auguet de Saint-Sylvain, que son mérite personnel et son dévouement absolu à la cause du prince avaient mis dans toute sa confiance, et qui, comme marque de gratitude, avait reçu du prétendant un titre de Castille.

Don Carlos trouva là son banquier et la femme de ce dernier, qui s'était chargée de la délicate mission de teindre les cheveux du prince, afin qu'il y eût le moins de monde possible dans le secret.

Elle était visiblement émue en s'acquittant de cette tâche et ne touchait les cheveux de don Carlos qu'avec une sorte de crainte. Le prince s'en aperçut et lui en fit la remarque en souriant d'un air affable.

— Il faut, sire, lui dit-elle, que nous soyons dans de pareilles circonstances pour que j'ose ainsi porter la main sur une tête royale.

Les partisans de don Carlos le traitaient en roi.

— Je voudrais, madame, répondit-il, que cette tête ne fût jamais en contact qu'avec d'aussi jolies mains que les vôtres.

Cependant les derniers préparatifs étaient faits. Les deux passeports avaient été apportés. Le prince voyageait sous le nom d'Alphonse Saez et le baron de Los Vallès sous celui de Thomas Saubot, le premier négociant, le second propriétaire à la Trinidad.

A minuit, le prétendant monta en voiture; à huit heures du matin il s'embarquait de Brighton pour Dieppe, et, douze heures après, il débarquait dans ce port.

Les formalités de la douane et la nécessité de se faire délivrer des passes au bureau de police le forcèrent à coucher à Dieppe. Le lendemain, comme il demandait avec quelque impatience qu'on lui servît à déjeuner :

— Soyez tranquille, lui dit une jeune servante, dans un quart d'heure vous déjeunerez comme un roi.

— Vous savez donc comment déjeunent les rois? demanda-t-il gaiement.

— Je pense, reprit-elle, qu'ils doivent toujours bien déjeuner, puisqu'ils n'ont que cela à faire.

— Nous qui ne sommes pas comme eux, reprit le prince, et qui avons de l'occupation, nous préférons être servis moins bien, mais plus vite.

En dix-sept heures, temps qui paraîtrait bien long aujourd'hui, mais qui était très-court à cette époque, don Carlos atteignit Paris et descendit à l'hôtel Meurice. Mais il n'y resta que quelques heures et se transporta rue de Lille, chez M. du Suau de Lacroix, alors en Amérique, et dont le fils, ardent partisan du prince, avait vu à Londres le baron de Los Vallès, et avait mis l'appartement de son père à la disposition du prince en écrivant au concierge de la maison que deux Américains de ses amis iraient loger chez lui.

Le fidèle aide-de-camp s'occupa immédiatement de faire viser les passeports et se rendit dès huit heures du matin chez M. Jauge, le banquier de don Carlos à Paris, pour lui annoncer l'arrivée du prétendant et lui demander des conseils pour la continuation de son voyage. M. Jauge fut d'avis que le prince ne devait pas partir de la rue de Lille, mais bien de chez lui, où il se transporterait dans la journée. Il se chargeait de procurer une voiture et des lettres de crédit.

Don Carlos se rendit en effet chez ce partisan précieux et dévoué qui bientôt devait compromettre sa belle fortune en concourant à la négociation de l'emprunt contracté par le prince en Angleterre. Dans la soirée du même jour, à huit heures, il montait en chaise de poste après avoir reçu de Londres une lettre qui lui annonçait à mots couverts que son stratagème avait réussi et qu'on le supposait toujours malade à Glocester-Lodge. C'était par une belle soirée d'été. Les boulevards et les rues de Paris étaient couverts de promeneurs, d'équipages et de cavaliers qui se dirigeaient vers les Champs-Élysées et le bois de Boulogne. C'était surtout en approchant de la place de la Concorde, où s'élevait alors un simulacre en toile peinte représentant l'obélisque de Louqsor, que le bruit et le mouvement redoublaient. La chaise, renfermant don Carlos et le baron de Los Vallès, roulait rapidement sur le milieu de la chaussée lorsque, au moment où elle allait s'engager dans l'avenue des Champs-Élysées, elle fut tout à coup arrêtée par un mouvement de voitures qui s'opérait devant elle.

Un large char-à-bancs recouvert, venant du côté des Tuileries, avait traversé la place et entrait aussi dans l'avenue au milieu des équipages qui lui cédaient le pas.

M. de Los Vallès s'empressa de jeter un coup d'œil sur cette voiture devant laquelle les autres s'arrêtaient, et aussitôt il reconnut le roi Louis-Philippe qui, accompagné de la reine et des princesses, se rendait en famille à Neuilly.

— Tenez, sire, regardez, dit-il en saisissant le bras de don Carlos; voilà le roi des Français qui vient vous souhaiter bonne chance.

Le prétendant se pencha vivement hors de la portière et souleva sa casquette de voyage. Louis-Philippe porta la main à son chapeau et s'inclina gracieusement. La reine fit également un signe de tête et les jeunes princesses l'imitèrent. Seule, madame Adélaïde demeura impassible et regarda le voyageur d'un air défiant.

— Mon bon cousin d'Orléans, dit don Carlos

en s'enfonçant dans la voiture, ne se doute guère en ce moment que je traverse ses États pour aller donner un coup d'épée dans son traité de la quadruple alliance.

La rencontre était singulière. Chacun des deux voyageurs suivit son chemin et courut à ses destinées. Elles ne devaient pas être plus heureuses pour l'un que pour l'autre.

Revenons à la cour des Tuileries.

Il n'y eut jamais sous la monarchie de 1830 qu'un maître des cérémonies, introducteur des ambassadeurs; c'était M. de Saint-Maurice, et, je le répète, la maison de Louis-Philippe, pour être une maison purement militaire, n'en était pas moins parfaitement suffisante. L'ordre des réceptions et les convenances du palais n'ont jamais eu à souffrir de l'absence de chambellans, de grand-maître et de maîtres des cérémonies, de préfets du palais, de maréchaux des logis, etc., etc., nombreux bataillon qui s'inscrit au budget pour une somme plus forte que dix bataillons de l'armée. L'entourage de la royauté d'alors était d'une simplicité philosophique qui répondait, d'ailleurs, à toutes les exigences du temps.

A cette époque on trouvait fort bien, également, des pairs de France sans leur donner de traitements, des députés sans leur distribuer d'indemnités. L'honneur, la notoriété et une légitime influence suffisaient pour allécher toutes les ambitions.

La chose serait-elle possible aujourd'hui? Je n'en doute pas un seul instant.

Il y avait tous les hivers, aux Tuileries, quatre grands bals, deux petits bals de la reine, plusieurs concerts et quelquefois, lorsque M. le duc d'Orléans fut marié, un bal chez M. le duc d'Orléans.

Toutes ces fêtes étaient aussi brillantes, aussi nombreuses, aussi bien ordonnées que celles qu'on y donne aujourd'hui. L'espace entier compris entre le pavillon Marsan et le pavillon de Flore étincelant de lustres, resplendissant de dorures, décoré avec somptuosité et parcouru par plus de trois mille personnes en habits brodés ou en uniformes français et étrangers; trois orchestres, disposés dans cet espace qui présentait le plus magnifique coup d'œil, et, au bout de ces brillants salons, la salle de spectacle, devenue la salle du souper, égayée, elle aussi, par deux orchestres militaires, tel était l'ensemble des grands bals qui, un peu trop nombreux au commencement du règne, étaient promptement rentrés dans les limites convenables et faisaient, à bon droit, l'admiration des étrangers.

Les petits bals ou bals de la reine, auxquels on invitait à peine six cents personnes, et les concerts, encore moins nombreux, se donnaient dans la salle des maréchaux.

Parmi les femmes les plus belles ou les plus élégantes qui paraissaient aux fêtes des Tuileries, on distinguait mesdames Lehon, Ch. Liadières, de Plaisance, d'Istrie, de Magnoncourt, de Contades, de Béhague, d'Otrante, de la Trémouille, Schikler, d'Haussonville, de l'Aigle et tant d'autres!

Pour assister à ces bals officiels les femmes étaient naturellement en très-grande toilette, sans qu'il y eût précisément un costume de cour.

Les hommes, lorsqu'ils n'avaient pas d'uniforme particulier, portaient un habit bleu orné de broderies de fantaisie au collet et aux parements avec un pantalon de casimir blanc à larges bandes d'or. Ce costume subissait un changement lorsqu'il s'agissait d'un *petit bal* ou d'un bal chez le duc d'Orléans, et chez le duc de Nemours après la mort du prince royal. Alors le pantalon à bandes d'or était remplacé par la culotte courte en casimir blanc et le soulier à boucle.

Les riches et brillants uniformes étrangers étaient nombreux aux bals des Tuileries. Dans le corps diplomatique on remarquait toujours beaucoup le costume de magnat de Hongrie que portaient le comte Appony, ses fils et son neveu. Il y avait aussi un Hongrois, le comte Zichy, que l'on avait surnommé le prince Turquoise, à cause de la profusion de pierres de cette espèce dont son dolman, sa pelisse et ses armes étaient couverts. Les cours d'Allemagne et du Nord avaient de très-élégants représentants. Les Anglais se distinguaient par la richesse et la variété de leurs uniformes de la *yeomanry* ou de l'armée. Ceux de la cavalerie et des régiments écossais étaient surtout remarqués. Le général Coletti, ministre de Grèce, portait un riche costume de Palicare. Quant au chef et aux attachés de l'ambassade turque, en voyant la redingote boutonnée et la calotte rouge qui ont si pauvrement remplacé le caftan, les pantalons bouffants et les turbans de cachemire, on ne pouvait que regretter que les Turcs d'aujourd'hui ne fussent pas les Turcs d'autrefois.

Louis-Philippe désirait vivement (et la chose était naturelle) que la révolution de Juillet ne fût pas toujours une infranchissable barrière entre les cours de vieille date et son propre trône. Le moyen le plus naturel qui se présentait pour atteindre ce but ardemment souhaité c'était le mariage de M. le duc d'Orléans avec une princesse appartenant à l'une des cours importantes de l'Allemagne. Toutefois, sur ce difficile terrain, il fallait s'avancer avec une certaine prudence. Il fut décidé que le prince royal, accompagné de son frère le duc de Nemours, ferait un voyage en Allemagne. On pressentit sur ce projet les cours de Berlin et de Vienne, et on obtint leur assentiment. Les princes français devaient d'abord se rendre en Prusse. Le roi Frédéric-Guillaume III, qui avait beaucoup contribué à la solution pacifique de la question belge, semblait, en effet, depuis lors, adopter un système hautement avoué de conciliation et chercher à dissiper les préventions que les cours de Saint-Pétersbourg et de Vienne nourrissaient contre les hommes et les choses de la France de 1830. Le voyage des princes à Berlin était une occasion très-favorable pour témoigner de ces bonnes dispositions; Frédéric-Guillaume la saisit avec empressement. Laissant de côté les froides règles de l'étiquette, il accueillit, ainsi que les princes de sa maison, les fils de Louis-Philippe d'une façon aussi empressée que significative. Il y avait là bien évidemment dessein prémédité de prouver à l'Europe les bonnes intentions du cabinet prussien envers la France et son gouvernement. On sait, du reste, que ce voyage des princes français en Allemagne ne précéda que d'une année le mariage du duc d'Orléans avec la duchesse Hélène de Mecklembourg-Schwerin, et que Frédéric-Guillaume III, qui avait dit en parlant du duc d'Orléans, et peut-être en faisant allusion aux instincts militaires qu'il lui supposait : « Il faut marier ce jeune homme de bonne heure, » agit lui-même ouvertement auprès de la famille de Mecklembourg.

M. le duc d'Orléans, tout en obtenant à Vienne des succès de salon que sa tournure élégante, son excellente éducation et la distinction de ses manières pouvaient lui promettre à coup sûr, ne vit pas se réaliser l'espérance qu'il avait conçue. Il avait remarqué l'archiduchesse Thérèse, fille de l'archiduc Charles, et si les unions princières étaient soumises aux mêmes lois que les mariages entre particuliers, il est probable que celle-là se fût accomplie. Mais il fallait avant tout consulter la politique. Cela se passait en 1836 et M. Thiers était président du conseil. Désireux d'unir aux souverainetés légitimes la jeune dynastie dont il était assurément alors un des plus habiles serviteurs, il adressa avec empressement à l'ambassadeur français, M. de Saint-

Aulaire, une lettre destinée à être communiquée au prince de Metternich, sans que le caractère de cette communication engageât par trop, en cas de refus, la dignité du roi des Français. M. de Metternich, tout en accueillant cette ouverture avec une grande convenance, en référa à la famille impériale elle-même, que les exigences politiques circonvenaient de toutes parts. Deux barrières s'élevaient entre la princesse et le duc d'Orléans : l'origine de la souveraineté de Louis-Philippe; le jugement sévère porté sur le prince royal par la diplomatie allemande qui le supposait à la tête d'un parti militaire en France et instinctivement attiré vers un système de propagande armée. La négociation, volontairement traînée en longueur par la cour d'Autriche, n'aboutit pas, et le duc d'Orléans quitta Vienne. La Providence n'avait pas voulu qu'une princesse de la maison d'Autriche fût encore une fois victime de nos déplorables dissensions.

Le 18 août 1837, le comte Molé, plus heureux que M. Thiers, auquel il venait de succéder, faisait connaître officiellement à la Chambre des députés la conclusion du mariage de M. le duc d'Orléans avec la princesse Hélène de Mecklembourg-Schwerin. Grâce à l'habileté diplomatique de M. Bresson, ministre de France à Berlin, diplomate d'une valeur réelle, qu'attendait une destinée non moins fatale que celle du prince auquel il avait contribué à préparer cette alliance germanique; grâce surtout à l'intervention bienveillante du roi de Prusse, l'affaire avait été menée à bien. La princesse Hélène de Mecklembourg-Schwerin s'était habituée à envisager avec une certaine audace d'imagination le rôle qui lui serait destiné si elle acceptait l'alliance proposée. Elle aimait la France d'ailleurs, et avait, dit-on, toujours rêvé d'épouser un prince français. Mais elle l'aimait mélancoliquement, car elle conservait présent à la pensée le tableau de nos longues dissensions civiles à la fin du dernier siècle et des dangers que, durant cette fébrile période de notre histoire, les princes avaient courus sur le sol de la patrie nouvelle à laquelle elle aspirait. Douée d'un esprit studieux et sérieux, la princesse Hélène apportait, du reste, à son royal fiancé, une véritable dot d'érudition littéraire acquise dans la fréquentation des hommes les plus éminents de l'Allemagne contemporaine, ou dans l'étude des belles œuvres du passé. Personne n'était mieux instruit qu'elle de la situation des sciences et des arts en France. Personne aussi ne savait mieux parler à chacun des membres de cette orageuse et susceptible république des lettres un langage plus sympathique, plus flatteur, mieux en rapport avec les mérites et les prétentions individuels. Faculté bien précieuse chez une princesse placée sur les marches d'un trône constitutionnel.

Dès que la nouvelle de ce mariage fut devenue officielle, les journaux dévoués au gouvernement s'efforcèrent de rehausser les avantages de l'alliance, en vantant avec une certaine affectation, à laquelle les journaux de l'opposition répondirent par des railleries, l'ancienneté de la race à laquelle la princesse appartenait. Ils avaient raison, car l'origine de la famille de Mecklembourg-Schwerin se perdait dans la nuit des temps germaniques, et cette noble maison, appuyée sur les meilleures alliances, avait de beaux antécédents d'histoire.

Ce fut M. le duc de Broglie que le roi chargea d'aller en mission extraordinaire à Ludwigslust, capitale du petit État, pour accomplir la formalité de la demande officielle de la main de la princesse. Le duc de Broglie devait l'accompagner dans son voyage jusqu'à Fontainebleau, où Louis-Philippe avait décidé que se ferait le mariage.

La princesse se montra durant toute la route pleine d'attentions délicates pour le noble envoyé, à ce point qu'elle lui fit, dit-on, remarquer des sites d'outre-Rhin témoins de victoires remportées par le maréchal de Broglie, son grand-père. A la frontière de France, un autre représentant de la vieille aristocratie française, M. le duc de Choiseul, attendait la princesse par ordre du roi, qui avait mis dans ces choix une sorte de coquetterie. Elle fut reçue sous des arcs de triomphe, et le 29 mai elle arrivait à Fontainebleau, accompagnée de la petite cour que le roi lui avait faite.

Louis-Philippe avait également voulu lui former une maison qui eût une certaine importance aux yeux de l'Allemagne. Cette maison se trouva ainsi composée : la maréchale comtesse de Lobau, dame d'honneur; les comtesses Anatole de Montesquiou, de Chanaleilles, d'Hautpoul, dames pour accompagner; la marquise de Vins, lectrice; le duc de Coigny, chevalier d'honneur; les ducs de Trévise et de Praslin, chevaliers d'honneur adjoints. M. le comte de Flahaut, aujourd'hui sénateur et grand chancelier de la Légion d'honneur, était en même temps nommé premier écuyer du prince royal.

Tout était préparé au palais de Fontainebleau pour recevoir la princesse avec une pompe peu usitée jusque-là à la cour des Tuileries. Louis-Philippe, peut-être en prévision de quelque important événement dynastique, avait splendidement restauré ce palais, si merveilleusement orné par les maîtres de la Renaissance et tout rempli des souvenirs de cette grande trinité de rois, François Ier, Henri IV, Louis XIV. Les formalités du mariage civil furent accomplies le 30 mai dans la galerie de Henri II; le baron (depuis duc) Pasquier, récemment élevé par le roi à la dignité de chancelier de France, faisant les fonctions d'officier de l'état civil, les quatre vice-présidents de la Chambre des députés remplissant l'office de témoins, ainsi que les maréchaux Soult, Gérard, Lobau, le prince de Tayllerand, le duc de Choiseul, le baron de Rantzau et M. Bresson, ces trois derniers témoins de la princesse. Une double cérémonie devait avoir lieu, puisque la princesse était luthérienne et depuis le premier mariage de Henri IV pareille chose ne s'était point vue à la cour de France. Il y eut de grandes et brillantes réceptions auxquelles furent conviées à tour de rôle, indépendamment des membres du corps diplomatique, spectateurs pour ainsi dire obligés de ces sortes de solennités, les individualités les plus marquantes de la haute société parisienne ralliée au pouvoir de 1830. Mais quelque brillantes que furent ces fêtes données à Fontainebleau, elles devaient toutes être surpassées par l'inauguration, projetée par le roi, du musée historique de Versailles, l'une des plus grandes et des plus intéressantes scènes du règne de Louis-Philippe.

La cour, en quittant Fontainebleau le 4 juin 1837, vint à Saint-Cloud, et ensuite eut lieu l'entrée de la duchesse d'Orléans à Paris. Le cortége, dont les moindres dispositions avaient été réglées d'avance, devait passer sous l'arc de triomphe de l'Étoile, récemment terminé. Cette cérémonie eut beaucoup d'éclat et le peuple parisien fit un accueil sympathique à la jeune étrangère qui ne craignait pas de venir le voir de près. Une mesure prise par le ministère et dont l'initiative appartenait au comte Molé, avait merveilleusement préparé l'opinion publique à l'enthousiasme : une amnistie venait d'être accordée à tous les condamnés politiques détenus dans les prisons de l'État. Cette mesure de l'amnistie qui, je le répète, fut particulièrement patronnée par le comte Molé, et ne triompha que grâce à lui des répugnances de certains membres du cabinet, lui fit une place toute spéciale dans l'affection de M. le duc d'Orléans. Le prince lui a témoigné, par un paragraphe de son testament, la vive satisfaction qu'il avait ressentie de cet acte si habilement précurseur des fêtes de son mariage.

Le 10 juin eut lieu la solennité, demeurée célèbre, de l'inauguration des galeries historiques de Versailles, musée national destiné à reproduire toutes les gloires de la France. Ce fut un noble sentiment que celui qui inspira à Louis-Philippe l'idée de restaurer le palais de Versailles, cette première étape de la Révolution française, en le plaçant sous le patronage des glorieux souvenirs de la patrie; d'y mettre en regard les conquêtes du drapeau blanc et les victoires du drapeau tricolore; d'y réunir fraternellement les fleurs de lis et l'aigle; d'y conserver pieusement toutes les traditions d'honneur, de dévouement, de vaillance qui doivent placer la France si haut dans l'estime des autres peuples. On peut dire sans crainte d'être démenti que, de tous les actes du règne de Louis-Philippe, la création du musée de Versailles est un de ceux qui sont restés le plus populaire, et pourtant, quelle que fût l'importance relative que le roi de 1830 attachât à cette idée, ce n'était qu'un détail dans les conceptions de sa pensée. Mais telle est la force, telle est l'influence sur l'opinion d'une idée grande et juste! Les plus habiles combinaisons politiques ne laissent point de traces; un fait secondaire reste invariablement fixé dans le souvenir du peuple.

La création du musée de Versailles avait nécessité d'immenses travaux de toute nature, et c'est sur sa cassette particulière que Louis-Philippe les avait payés. Ce fut l'origine des nombreuses dettes du roi, dettes que la Révolution de 1848 fit connaître, donnant ainsi le démenti le plus complet aux calomnies absurdes, mais trop écoutées, qui représentaient Louis-Philippe comme un avare couronné. Les malheurs de sa jeunesse avaient appris à ce prince la valeur de l'argent; il l'a prodigué quelquefois; jamais il ne l'a gaspillé : un peu semblable en cela à ces riches de fraîche date qui savent ce que leur a coûté un écu, et qui, très-disposés à jouir de leur fortune, n'entendent pas toutefois la jeter au vent.

La fête d'inauguration du musée de Versailles

fut splendide de tout point. Les portes du palais, ouvertes avant midi, donnèrent passage aux invités du roi, et ces invités nombreux, appartenant aux grands corps politiques ou académiques, aux arts ou à la presse, témoignèrent une admiration réelle pour l'œuvre entreprise par Louis-Philippe. C'était, en effet, un grand et magique spectacle que celui de cette longue série de tableaux ou de portraits embrassant l'ensemble de notre histoire depuis son origine jusqu'aux révolutions les plus récentes, reproduisant, sinon avec un égal talent, du moins avec une sincérité constante, les phases diverses de nos annales trop compliquées. A trois heures, un magnifique banquet fut somptueusement servi; puis le roi, précédé de valets portant des flambeaux et suivi de tous ses hôtes, véritable état-major de l'intelligence française, parcourut toutes les galeries dans une promenade qui ne dura pas moins de quatre heures. A huit heures du soir, la salle de spectacle, restaurée avec un goût merveilleux, réunit les invités qui assistèrent à la représentation du *Misanthrope*. C'était une heureuse pensée que d'associer ainsi le grand Molière à la rénovation du vieux Versailles; elle fut très-goûtée de cette réunion d'élite, à laquelle l'étiquette avait imposé l'uniforme ou l'habit de cour.

On parla longtemps du riche habit *vert de mer* qu'avait porté en cette circonstance M. Eugène Sue, qui n'était connu alors que par sa brillante littérature maritime. Un autre fait particulier, en se produisant à l'occasion de cette fête, donna lieu à quelques commentaires et eut un certain retentissement :

Madame la duchesse d'Orléans, en sa qualité d'Allemande lettrée, connaissait et appréciait l'œuvre capitale de l'un des chefs de l'école romantique en France, de Victor Hugo, *Notre-Dame de Paris*, l'une des meilleures productions de ce talent étrange et incomplet, œuvre éclatante de style qui eut cette bonne fortune de voir le jour au moment où le courant de l'opinion remontait avec fureur vers le moyen âge dédaigné.

La princesse avait désiré connaître l'écrivain dont ce roman avait popularisé le nom de l'autre côté du Rhin. Elle en parla au duc d'Orléans qui

s'empressa, pour satisfaire son désir, de faire
inviter M. Hugo à la fête artistique de Versailles.
Cette avance directe de la cour fut repoussée
d'abord par le poëte : il répondit que, devant au
roi Charles X la décoration de l'ordre de la Légion d'honneur, il se croyait engagé par la reconnaissance à ne pas se rapprocher du nouveau
pouvoir. Un tel refus était honorable; il devint
habile à l'insu du poëte, car le duc d'Orléans insista en lui envoyant la croix d'officier de l'ordre
et Victor Hugo partit aussitôt pour Versailles.
Les tendances de l'esprit du prince se retrouvent
dans ce détail historique. Quant à l'écrivain, il
devait plus tard solliciter et obtenir de la royauté
de 1830 la pairie viagère, objet de nombreuses
convoitises; mais, comme tant d'autres, il aurait
mieux fait de ne jamais sortir de la vie littéraire,
noble et intarissable source de consolations et
d'espérances.

Les dernières fêtes du mariage de M. le duc
d'Orléans furent attristées par un déplorable incident; il impressionna vivement le prince dont
l'imagination se laissait quelquefois entraîner à

GUIZOT

IX

Solennités légitimistes. — Pèlerinage en Bohême. — Déclaration de la majorité de M. le duc de Bordeaux. — Difficultés préliminaires. — Réception de la députation royaliste au château de Buschtierad. — Discours. — Banquet à Prague. — Bals organisés à Paris en faveur des pensionnaires de l'ancienne liste civile de Charles X. — Matinées de Tivoli. — Notabilités politiques et littéraires du parti légitimiste. — MM. Berryer, de Fitz-James, de Dreux-Brézé, de Conny, de Rességuier, de Calvimont, de Beauchêne, Walsh. — Quelques mots sur la personne et les productions du vicomte d'Arlincourt. — Souvenirs du château de Saint-Paër. — Les fonctionnaires du gouvernement au bal de la liste civile. — Le comte de Rambuteau, son administration et sa popularité. — Les courses de chevaux sous le règne de Louis-Philippe. — Courses du champ de Mars. — Aspect. — Chevaux et coureurs. — *Steeple chases* de la croix de Berny — Courses de Chantilly. — Le *Jockey's club*. — La pelouse. — Les soirées de Chantilly. — Élégants et élégantes du *Turf*. — Les lorettes de ce temps-là. — Ce qui est de tous les temps. — Un dialogue de Clément Marot.

Les légitimistes qui boudaient la cour des Tuileries avaient aussi leurs fêtes et leurs solennités politiques. L'une des plus curieuses et des plus intéressantes pour le parti fut assurément celle de la majorité de M. le duc de Bordeaux.

En France, les rois étaient, suivant l'ancien usage, majeurs lorsqu'ils avaient atteint leur treizième année. C'est à cet âge que la majorité de Louis XIV et celle de Louis XV avaient été proclamées, et les légitimistes entendaient suivre la tradition. Un intérêt très-grand s'attachait pour eux, du reste, à la manifestation politique qu'ils se proposaient de faire en cette circonstance : il y avait divergence d'opinion dans le parti royaliste sur la valeur des abdications de Rambouillet. Comme c'était sous l'empire de la contrainte que Charles X et son fils, le Dauphin, avaient renoncé à la couronne en faveur de Henri V, quelques personnages appartenant au parti légitimiste avaient formé dans son sein une sorte de *petite église* qui n'admettait pas la royauté immédiate de M. le duc de Bordeaux, source continuelle de tiraillements et, dans la pensée des chefs de parti, cause d'amoindrissement et de dangers. Il fallait donc frapper un grand coup, un coup décisif et faire connaître à l'Europe quelle était la solution définitive donnée par la majorité des légitimistes à cette question délicate.

Le roi Charles X et sa famille habitaient alors en Bohême le château de Buschtierad, situé à cinq lieues de Prague et environ à cent lieues de Vienne. Ce château appartenait au grand-duc de Toscane qui l'avait cédé à Charles X. Construit au milieu d'immenses plaines d'un aspect assez triste, il dominait pourtant un riant vallon où de jolies maisons entourées de feuillage, un petit lac ombragé par de vieux arbres récréaient la vue et donnaient une meilleure opinion de la nature dans cette contrée saine et riche d'ailleurs, en dépit de sa monotonie.

Ce fut là que les pèlerins de la légitimité résolurent d'aller saluer leur jeune roi et de proclamer sa majorité. Ils partirent de Paris assez nombreux, presque tous jeunes, tous ardents et convaincus. Ils avaient pris le chemin de Prague et s'arrêtèrent dans cette vieille capitale de la Bohême où, l'hiver, la famille exilée habitait le palais du Hradschin. Admis d'abord individuellement auprès du jeune prince et gracieusement accueillis par lui, il s'agissait pour eux d'être reçus collectivement et de réaliser ainsi la démonstration politique qu'ils entendaient faire. Mais là aussi commençaient pour eux les difficultés : le duc de Blacas qui jouait à peu près alors le rôle de ministre de la maison du roi auprès des princes qu'il avait accompagnés sur la terre étrangère, était un personnage dont la justesse d'esprit pouvait être contestée, mais dont la pénétration était très-grande. C'était un type de diplomate d'autrefois, très-préoccupé des détails, n'aimant pas les initiatives hardies, assez timoré à l'endroit de l'étiquette. Cette démarche des légitimistes auprès du duc de Bordeaux, cette reconnaissance solennelle de la majorité de Henri V, ne serait-ce pas une atteinte au respect que devait inspirer la dignité non moins que l'infortune du roi Charles X? M. de Blacas le pensait. De là bien des tiraillements et des retards apportés à la réalisation du désir de la députation légitimiste. Cependant cette dernière ayant très-vivement insisté pour l'accomplissement de son mandat, on ne crut pas pouvoir différer plus longtemps de la satisfaire, et le 30 septembre, lendemain de l'anniversaire de la naissance du duc de Bordeaux, époque qu'elle avait déterminée elle-même, elle fut courtoisement prévenue par le baron de Damas que le jeune prince la recevrait avec plaisir.

Les choses se passèrent absolument comme si Henri V avait été aux Tuileries, dans la salle du trône, prêt à recevoir les hommages d'un corps constitué. Dès le matin, tous les légitimistes présents à Prague étaient en mouvement et la route de Buschtierad était couverte de voitures transportant au château les membres nombreux de la députation royaliste. Chacune de ces voitures s'arrêtait aux portes du château où, avant midi, tous les pèlerins français étaient réunis. La réception devait avoir lieu dans les appartements du jeune prince. Ils furent promptement envahis et les présentations eurent lieu immédiatement; puis M. Édouard Walsh, qui était chargé de prendre la parole au nom de la députation, prononça avec une émotion contenue un petit discours dans lequel il exprimait les hommages et les vœux de ses compatriotes à propos de la majorité du prince et qui se terminait ainsi : « La France vous devra tout ce qu'elle a dû à l'un de vos plus glorieux ancêtres et vous serez, sire, ainsi que vous l'avez promis vous-même, le Henri IV second de la France. »

Le jeune prince dont la belle figure, loin d'exprimer de l'embarras, trahissait, dit-on, au contraire, une vive satisfaction intérieure, que ses yeux plus brillants et plus animés que de coutume faisaient parfaitement deviner, répondit d'une voix nette :

— Messieurs, je travaille de toutes mes forces à me rendre digne des devoirs importants que ma naissance m'impose et que vous venez de me rappeler; c'est, je crois, le plus sûr moyen de reconnaître les sentiments que vous venez de m'exprimer au nom de nos jeunes compatriotes. Je ne serai heureux que quand il me sera permis d'unir mes efforts aux vôtres et aux leurs pour l'affranchissement de notre commune patrie. Soyez-en persuadés, messieurs, je sais apprécier les motifs qui ont inspiré votre démarche ; il me sera doux de conserver vos noms et plus encore de vous montrer un jour que je n'en ai pas perdu le souvenir.

On comprend que cette réponse fut accueillie par les cris les plus chaleureux. Puis, comme dans un lever royal, chacun des assistants défila devant le prince tandis qu'on faisait l'appel de son nom et que l'on mentionnait le département auquel il appartenait. M. de Nugent lui présenta en passant des éperons d'or d'un riche travail. MM. Walsh, de Philibeaucourt et Eugène de Viviers lui offrirent une médaille en or frappée à l'occasion de sa majorité et sur laquelle il était figuré en habits royaux. Une épée et un groupe en ivoire, très-finement sculpté, représentant Henri IV et Sully, avaient été envoyés par la ville de Dieppe et furent remis en son nom.

A la suite de cette petite solennité, dont les détails furent reportés en France par toute cette jeunesse enthousiaste, un banquet réunit fraternellement à Prague les membres de la députation royaliste, et là des discours furent de nouveau prononcés, des espérances furent chaleureusement émises : loyales paroles que le temps a emportées dans sa course rapide, espérances que l'avenir n'a point réalisées!

Les bals organisés tous les ans au profit des pensionnaires de l'ancienne liste civile de Charles X devenaient aussi pour le faubourg Saint-Germain des fêtes en quelque sorte officielles. Le marquis de Balincourt était le grand organisateur de ces bals pour lesquels il fallait un vaste espace et qui se donnaient, chaque année, dans un local différent. Tantôt c'était à la salle Ventadour, tantôt dans un hôtel de la rue des Capucines qui a fait place, de nos jours, à celui du Crédit foncier, tantôt au casino Paganini, et deux fois, au printemps, dans les jardins de Tivoli.

Les bals donnés dans la salle Ventadour furent toujours les plus beaux, peut-être à cause du local qui permettait toutes les splendeurs et défiait toutes les foules. Là les tapissiers et les décorateurs avaient le champ libre, et, bien dirigés, produisaient des merveilles. Le péristyle, les escaliers, couverts de riches tapis, ornés de bruyères, de camélias, de fleurs rares et en abondance; à l'intérieur, des tentures et un éclairage splendides; le foyer, transformé en riche salon; trois grandes portes donnant accès dans la salle et communiquant avec elle par trois escaliers qu'éclairaient des candélabres dorés d'une dimension superbe et d'un éclat incomparable; une galerie pour les promeneurs, heureusement disposée dans toute la longueur de la salle, et, au fond du théâtre, une véritable muraille de glaces superposées depuis le plancher jusqu'aux frises, tel était l'ensemble féerique de ces réunions, qu'un orchestre de cent musiciens animait de son imposante harmonie.

A Tivoli, ces fêtes revêtaient un autre caractère : elles commençaient vers deux heures par des fanfares de cor et des explosions de boîtes d'artifice. Il y avait (comme toujours à Tivoli) mâts de cocagne, aérostats, orchestres de danse; mais le public était un peu changé et toutes ces belles dames du faubourg Saint-Germain envahissant les pelouses dans leurs brillantes toilettes de printemps, tous ces personnages titrés, tous ces cavaliers élégants, ces deux orchestres conduits l'un par Dufrêne, l'autre par Strauss, donnaient à ces réunions spéciales dans le vieux Tivoli un caractère et un aspect tout nouveaux.

Des tentes étaient dressées sur la grande pelouse, et le soir on y dînait confortablement et gaiement avant de se séparer. Puis le défilé des calèches commençait et tout ce beau monde allait terminer sa journée de bienfaisance et de plaisir en prenant des glaces à Tortoni ou au café de Paris.

C'était dans ces grandes réunions, où le parti légitimiste se trouvait en majorité, qu'aimaient à se montrer les notabilités politiques et littéraires de ce parti, telles que les Berryer, les Fitz-James, les Brézé, les Conny, les Rességuier, les Calvimont, les Beauchêne, les d'Arlincourt, les Walsh. Cet excellent vicomte d'Arlincourt, surtout, qui, dans son admiration naïve et convaincue de lui-même, n'aimait rien tant que de produire avec apparat et en grande cérémonie son honnête et loyale personnalité. Ç'a été un type très-particulier que l'auteur du *Solitaire*, et les titres seuls de ses ouvrages appellent la curiosité sur cet excellent homme qui, tout en ayant le bonheur de se prendre très au sérieux (le bonheur n'existe, assure-t-on, que dans l'imagination), a possédé cette chance encore assez rare d'avoir son jour, son heure de vogue et de renommée populaire, absolument comme, à notre époque, certains princes du roman-feuilleton.

Mais aussi quels titres que ceux-ci! *le Rénégat, le Solitaire du mont Sauvage, Ibsiboë ou la Mort et l'Amour.*

Ces trois ouvrages sont dans la première manière de l'auteur qui, depuis la Révolution de 1830, publia *les Écorcheurs, le Brasseur roi, les Rebelles sous Charles V, la Peste noire* (un drame) et *l'Italie rouge*. Tout cela serait illisible aujourd'hui. Mais alors ces publications trouvaient des lecteurs.

Il est vrai que l'auteur du *Solitaire* trouvait aussi, surtout dans la petite presse, des détracteurs qui relevaient avec acharnement son style par trop imagé et ses étonnantes inversions, lesquelles, il faut bien l'avouer, produisaient quelquefois des phrases par trop amusantes, telles que celles-ci, entre autres :

« Il soupire à la montagne; elle aime à la vallée. »

« Elle gémit sur mes maux et son père à manger m'apporte. » (Il s'agit d'un prisonnier.)

Et lorsque, après avoir lu les titres ou le contenu de ses ouvrages, on s'était fait mentalement une image de l'auteur d'*Ibsiboë*, dans lequel on voulait absolument rencontrer une sorte de lord Byron, et que tout à coup, au milieu d'un salon, quelqu'un le désignait à votre attention et à votre curiosité, la surprise était bien grande. Comment retrouver l'idéal qu'on s'était forgé dans ce vieillard de taille moyenne, aux traits anguleux, coiffé d'une perruque noire légèrement frisée et affichant encore quelques prétentions, naturellement maigre et qu'un habit étriqué faisait paraître plus maigre encore? C'était là pourtant le digne vicomte d'Arlincourt, et, si l'on avait pu en douter un instant, un coup d'œil jeté sur l'immense brochette où, par un goût un peu puéril, l'excellent homme aimait à afficher et à suspendre quatorze ou quinze décorations françaises ou étrangères, ce coup d'œil, dis-je, eût suffi pour faire reconnaître son identité.

M. d'Arlincourt avait été sous l'Empire intendant à l'armée d'Espagne, et, demeuré fidèle durant les Cent jours à la fortune de Napoléon Ier, il était d'abord tombé en disgrâce.

C'était alors qu'il avait acheté en Normandie le château de Saint-Paër et s'était réfugié dans les travaux littéraires. Ce fut à Saint-Paër qu'il écrivit ses romans les plus retentissants. Cependant cette disgrâce ne pouvait et ne devait pas être de longue durée. L'aïeul et le père de M. d'Arlincourt, fidèles à la vieille monarchie, avaient payé de leur sang cette traditionnelle fidélité sur les échafauds de 1793. Le vicomte d'Arlincourt, d'abord bien reçu aux Tuileries, ne tarda pas à être nommé gentilhomme ordinaire de la chambre du roi. En 1823 le duc de

Bourbon vint chasser à Saint-Paër. Deux ans après, madame la duchesse de Berry, traversant la Normandie, s'arrêta également dans cette belle résidence.

Saint-Paër était un château rebâti sur les restes d'un vieux manoir, deux siècles environ avant que M. d'Arlincourt le possédât. Le vieux manoir, détruit par les guerres féodales, avait vu, suivant les chroniques normandes, deux puissants et terribles rivaux, Philippe Auguste et Richard Cœur de Lion s'aboucher entre ses murailles, et, dans une conférence, y poser les bases du traité de Courcelles.

On arrivait au château par une longue avenue au bout de laquelle on trouvait un pont (jadis un pont-levis) que l'on traversait pour entrer dans la cour d'honneur fermée par une très-belle grille, laquelle était défendue, à droite et à gauche, par des lions couchés sur des armoiries.

On raconte que Louis XV, chassant un jour dans la forêt de Gisors, vint demander quelques rafraîchissements à la maîtresse du château qui se trouvait en ce moment occupée d'en arranger et d'en meubler le rez-de-chaussée. Le premier salon était orné de riches boiseries dans le style de Louis XIV. Louis XV, qui parcourait les appartements avec la maîtresse de la maison, lui demanda tout à coup, en arrivant au second salon, plus grand encore que le premier :

— Et ce salon, comment le décorerez-vous ?

— Sire, le premier ayant des boiseries, je mettrai des tapisseries dans celui-ci.

— C'est bien ; je m'en charge, dit le roi ; c'est moi qui en serai le tapissier.

Et, en effet, quelques jours plus tard, la châtelaine recevait une magnifique tenture des Gobelins que l'on voyait encore dans toute sa fraîcheur du temps de M. d'Arlincourt.

J'ai dit que l'auteur du *Solitaire* avait reçu à Saint-Paër madame la duchesse de Berry. Ce fut au mois d'août 1825 que cette réception eut lieu, et jamais, peut-être, un particulier n'a déployé autant de luxe, autant de ressources d'imagination pour fêter une princesse et pour embellir sa résidence que ne le fit en cette occasion le vicomte d'Arlincourt.

La Normandie a conservé longtemps le souvenir de cette journée d'enchantement où le parc de Saint-Paër fut en quelque sorte transformé en jardins d'Armide, dans lesquels se pressaient des bergers et des bergères, transformés eux-mêmes par la magique baguette du fidèle et galant serviteur qui avait voulu renouveler les merveilles des fêtes et des ballets de Louis XIV.

— C'est le séjour des fées et des génies, dit la duchesse de Berry.

Lorsqu'on emploie aussi honorablement sa fortune que le faisait le vicomte d'Arlincourt et que, d'ailleurs, les actes de bienfaisance accompagnent les actes de largesse et de courtoisie, on ne devrait jamais perdre sa richesse. Le propriétaire de Saint-Paër perdit la sienne cependant et dans des circonstances fatales. Il avait un frère qui s'était lancé dans je ne sais quelle spéculation hasardeuse et s'y trouvait compromis. M. d'Arlincourt répondit pour son frère, dévouement bien rare, et se fit ainsi entraîner dans sa ruine.

Il fallut vendre cette belle propriété de Saint-Paër avec ses ombrages séculaires traversés par la jolie petite rivière nommée *la Levrière*, parce qu'un jour elle sourça, dit-on, sous la patte d'un levrier qui la devinait et avait soif. Il fallut se séparer, chose si cruelle, de ses habitudes, de ses souvenirs. Saint-Paër fut donc vendu et son possesseur réduit à une médiocrité qu'il supporta avec courage. La vieillesse arrivait pour lui. Le sort lui fut plus clément à la fin de sa vie : il était veuf depuis assez longtemps de la fille du comte Chollet, sénateur de l'empire; la veuve d'un ancien notaire de Paris, qui possédait une grande fortune, lui offrit sa main et l'épousa, lui rendant ainsi dans ses vieux jours l'aisance dont il avait joui pendant la première partie de sa vie.

Revenons aux bals donnés en faveur des pensionnaires de l'ancienne liste civile. Ces bals étant, avant tout, une œuvre de charité, un certain nombre de personnes qui n'appartenaient pas à la société légitimiste et qui même faisaient partie du gouvernement s'y montraient assez fréquemment. De ce nombre était l'honorable comte de Rambuteau, préfet de la Seine.

M. de Rambuteau a été bien certainement l'un des meilleurs préfets auxquels ait jamais été confiée l'administration de la grande capitale, et cela par une raison bien simple : c'est que, très-soucieux (et avec raison) des intérêts privés, il a toujours su les concilier avec l'intérêt public sans jamais les trahir, ou même les compromettre à la légère. Aussi était-il très-populaire et très-aimé. Ce fut lui qui le premier fit les honneurs des nouveaux et splendides salons de l'Hôtel de Ville agrandi et restauré, et il les faisait, secondé par la comtesse de Rambuteau, avec un empressement et une galanterie très-remarqués. Il fut, quelques années après la révolution de février 1848, affligé d'une faiblesse de vue si grande qu'elle devint presque une cécité complète. Mais, quand il entrait dans un salon (et tous lui étaient ouverts), il trouvait toujours un bras ami, souvent celui d'une jolie femme, pour le guider et le conduire jusqu'à la maîtresse de la maison.

Comme l'Opéra, comme les Italiens, comme les bals de la liste civile, les courses de chevaux étaient un terrain neutre où les diverses opinions se rencontraient et où la société légitimiste se fusionnait pour quelques instants avec la société gouvernementale. Les courses de cette époque, qui ressemblaient, quant au fond, à celles d'aujourd'hui, en différaient quant à l'apparence, c'est-à-dire aux détails extérieurs.

La différence des lieux entrait pour beaucoup dans cette dissemblance. Il est certain, par exemple, que le champ de Mars et la croix de Berny n'avaient que peu de rapports, comme aspect, avec les terrains du bois de Boulogne, de Vincennes et de la Marche. Qu'on ne s'y trompe pas, du reste, le champ de Mars était un magnifique emplacement pour les courses ; un peu officiel, peut-être, moins anglais, à coup sûr, que l'hippodrome du bois de Boulogne, mais offrant au spectateur un ensemble beaucoup plus complet et que le regard pouvait embrasser plus aisément. Avec ses beaux talus verdoyants que l'on n'avait pas eu encore la sottise de supprimer, et qui encadraient si bien la piste qu'on apercevait d'un seul coup d'œil dans toute son étendue; avec ses tribunes diverses et à des prix divers qui s'élevaient gracieusement sur un des côtés de la vaste enceinte; avec ce public immense qui couvrait les talus comme les gradins d'un cirque et entourait joyeusement l'arène, difficilement contenu quelquefois par les cavaliers placés de distance en distance, le champ de Mars présentait, le jour des courses, un aspect véritablement splendide.

Ce n'était point à *Gladiateur* ou à *Fille de l'air* qu'on s'intéressait alors; ce n'était point l'écurie du comte de Lagrange qui était favorite. D'autres noms, d'autres individualités chevalines avaient le privilége, non pas de passionner la foule, ceci est un progrès de notre temps, mais de donner des émotions plus ou moins vives, suivant les paris, aux membres du *Jockey's Club*, et au monde du *Sport*.

C'étaient MM. de Cambis (pour M. le duc d'Orléans), Fasquel, Rieussec, qui devait si misérablement tomber sous les balles de la machine infernale de Fieschi; de Normandie, Allouard, Duval de Beaulieu, de Cornelissen, ces deux derniers représentant les éleveurs de Belgique, qui étaient à cette époque les héros du *turf*.

La vente du haras que M. Rieussec avait formé à Viroflay, vente qui eut lieu après sa mort, produisit des sommes assez considérables, mais qui n'atteignaient pas les chiffres que l'on obtient aujourd'hui. Ainsi, pour citer un exemple en passant, trois étalons de premier choix, *Hercule*, *Jason* et *Ibis*, furent vendus, le premier 15,000 fr., le second 18,000 et le troisième 8,000.

Les *steeple chases* qui avaient lieu à la croix de Berny, sur la route d'Orléans, dans les belles prairies qui s'étendent au bas de cette grande route, attiraient au moins autant de monde élégant et de brillants attelages que les courses de la Marche, mais la foule parisienne ne s'y portait pas comme elle le fait aujourd'hui, en envahissant, grâce au chemin de fer, ce parc de la Marche, plus rapproché d'elle d'ailleurs.

Là, des chevaux comme *Cydonia*, comme *Jack Traveller*, obtenaient de beaux triomphes, de même que des *gentlemen riders* tels que MM. le comte de Vaublanc, Ricardo, Edgard Ney et tant d'autres.

Mais le terrain particulièrement affectionné des *sportsmen* de cette époque, parce qu'il était plus exclusif peut-être et n'attirait que le *Jockey's Club* et les individualités élégantes de Paris, c'était la pelouse de Chantilly.

Chantilly, dont le nom rappelle tant de souvenirs, de splendeurs et de magnificence, a toujours été un lieu privilégié pour le *sport*, car sans remonter aux fêtes et aux plaisirs du grand Condé et de ses successeurs immédiats, le dernier de cette branche illustre, le vieux duc de Bourbon, dont la fin devait être si tragique, n'était-il pas le plus grand, le plus intelligent amateur de chevaux, de chiens, de haute vénerie? Les échos de la Table de pierre, du château de la reine Blanche, de tous ces grands bois d'alentour, ne résonnaient-ils pas encore des cris de ses meutes, des fanfares de ses piqueurs, lorsque sous le règne de Louis-Philippe, la société parisienne des élégants, des riches et des heureux se portait vers Chantilly avec tant d'enthousiasme, et se groupait sur sa verte pelouse avec tant de plaisir?

Alors que le chemin de fer n'existait pas encore, c'était une bonne fortune pour les postillons que ces courses de Chantilly, car les calèches débouchaient nombreuses par Senlis, par la Chapelle, par Baron, dans la petite ville princière, dont M. Royer, le frère d'Alphonse Royer, était maire à cette époque, et qu'il administrait si intelligemment. Chantilly était alors transformé pour une semaine au moins. Ses habitudes, ses mœurs se transformaient aussi. Ses journées, si calmes d'ordinaire, étaient vouées au bruit, au mouvement; ses nuits, plus calmes encore, étaient animées, éclairées, quelquefois troublées et scandalisées par les soupers, les danses et le lansquenet.

C'était un beau spectacle, d'ailleurs, que ce vert hippodrome borné d'un côté par le bâtiment aux larges ailes des écuries de Chantilly, de l'autre par les tribunes, entre autres celle du *Jockey's Club*, que l'on apportait de Paris toute démontée. La pelouse couverte et diaprée d'équipages, de chevaux, de fraîches toilettes d'été, d'ombrelles éclatantes, de drapeaux flottant au vent. Dans les tribunes, même éclat, mêmes toilettes chatoyantes; les princes braquant leurs lorgnettes de course sur les chevaux et les jockeys; les jolies femmes braquant leurs jumelles sur la tribune des princes et celle du club, ou se lorgnant elles-mêmes et critiquant réciproquement leurs toilettes; les dandys, la rose à la boutonnière et roulant leur stick entre leurs gants jaunes, car alors il était de mode de porter dès le matin des gants jaunes; tel était l'ensemble de ce tableau, qui diffère de celui d'aujourd'hui par quelques détails et quelques nuances.

Le soir, M. le duc d'Orléans d'abord, et plus tard M. le duc d'Aumale lorsqu'il fut majeur, recevaient au château, et l'on y dansait sans cérémonie. J'ai dit en citant de temps à autre les noms de quelques-unes des femmes les plus jolies ou les plus élégantes de l'époque, que je cherchais toujours à les placer dans le cadre qui leur appartenait le plus spécialement, ou qui les faisait le plus valoir. C'est ce que je fais encore ici en nommant, à propos de Chantilly et de ces soirées du château, la jeune princesse de Wagram, mesdames Dutaillis, de Saint-Cyran, Besnières et Charles Laffitte.

Et sur le turf, admirant *Arlette* ou *Rainbow*, *Burlesque* ou *Bas-de-Cuir*, des hommes de cheval que l'on voit encore donner les départs, ou se faire juges du camp dans nos courses actuelles : tels que les Makenzie-Grieves, les la Rochette, les Hédouville.

L'essaim volant des belles du *demi-monde* d'alors (le mot n'était pas encore inventé) s'abattait aussi sur Chantilly comme de nos jours il s'abat sur tous les célèbres champs de courses. Même élégance folle, même tapage, mêmes scandales, mêmes ruines. Le costume change, les passions et les faiblesses humaines changent de costume. Les gens sages ou moroses déblatéraient aussi contre le luxe effréné de ce temps-là, contre les prodigalités provoquées ou inspirées par ces dames aux camélias de l'avenir. Hélas! tout cela est bien vieux ; l'or, comme un ruisseau qui a trop creusé son lit pour changer de cours, afflue toujours, et en quelque sorte fatalement, vers la femme. Écoutons notre vieux Clément Marot dans un de ses opuscules le moins connus, et qui est intitulé : *Dialogue de deux amoureux.*

LE PREMIER

Mais afin que ne perdons temps,
Conte moi ci par les menus,
Les moyens que tu as tenus
Pour parvenir à ton affaire.

LE SECOND

J'ai fait tout ce qu'on saurait faire.
J'ai soupiré, j'ai fait des cris,
J'ai envoyé de beaux écrits;
J'ai dansé et ay fait gambades,
Je lui ai donné tant d'œillades
Que mes yeux en sont tout lassez.

LE PREMIER

Encores n'est-ce pas assez.

LE SECOND

J'ai chanté, le diable m'emporte,
Des nuits cent fois devant sa porte,
Dont n'en veux prendre qu'à tesmoins
Trois pots à laver pour le moins,
Que sur ma teste on a cassez.

LE PREMIER

Encores n'est-ce pas assez.

LE SECOND

Quand elle venait au moustier,
Je l'attendais au benoistier
Pour lui donner de l'eau bénite :
Mais elle s'enfuyait plus vite
Que lièvres, quand ils sont chassez.

LE PREMIER

Encores n'est-ce pas assez.

LE SECOND

. . . .
Et puis tant de bouquets et roses.
Bref, elle a mis toutes ces choses
Au rang des péchés effacez.

LE PREMIER

Encores n'est-ce pas assez.
Il fallait être diligent
De lui donner

LE SECOND

Quoy?

LE PREMIER

De l'argent!

TALLEYRAND

X

Les salons ministériels et officiels. — Les salons politiques. — Le député à Paris. — Les deux Chambres. — Les grandes séances à la Chambre des députés. — Les orateurs. — Le public. — Salon du président de la Chambre. — M. Sauzet. — Le ministre de l'Intérieur. — M. et madame Duchâtel. — Le ministre des affaires étrangères. — M. Guizot. — Inconvénient des ministères qui durent trop longtemps dans un gouvernement parlementaire. — Le salon du comte Molé. — Affection du duc d'Orléans pour le comte Molé. — Le château de Champlâtreux. — Visite de Louis-Philippe à Champlâtreux. — Le prince de Talleyrand. — Sa vie à Valençay. — La princesse Poniatowska. — La duchesse de Dino. — Derniers années du prince de Talleyrand. — Sa dernière apparition à l'Académie des sciences morales et politiques. — Texte curieux de sa rétractation religieuse. — Le roi Louis-Philippe le visite à son lit de mort. — Salon du Luxembourg. — Le duc Decazes grand référendaire de la Chambre des pairs. — La duchesse. — Portrait du duc Decazes — Sa mission extraordinaire en

TALLEYRAND

X

Les salons ministériels et officiels. — Les salons politiques. — Le député à Paris. — Les deux Chambres. — Les grandes séances à la Chambre des députés. — Les orateurs. — Le public. — Salon du président de la Chambre. — M. Sauzet. — Le ministre de l'Intérieur. — M. et madame Duchâtel. — Le ministre des affaires étrangères. — M. Guizot. — Inconvénient des ministères qui durent trop longtemps dans un gouvernement parlementaire. — Le salon du comte Molé. — Affection du duc d'Orléans pour le comte Molé. — Le château de Champlâtreux. — Visite de Louis-Philippe à Champlâtreux. — Le prince de Talleyrand. — Sa vie à Valençay. — La princesse Poniatowska. — La duchesse de Dino. — Derniers années du prince de Talleyrand. — Sa dernière apparition à l'Académie des sciences morales et politiques. — Texte curieux de sa rétractation religieuse. — Le roi Louis-Philippe le visite à son lit de mort. — Salon du Luxembourg. — Le duc Decazes grand référendaire de la Chambre des pairs. — La duchesse. — Portrait du duc Decazes. — Sa mission extraordinaire en

Danemark en 1846. — Le duc de Glukshierg. — Le salon de
M. Thiers. — Son entourage. — Ses habitudes. — Les femmes
politiques. — La princesse de Lieven. — Madame de Rumford.
— Les entresols politiques.

Entre les deux Chambres, la Chambre des députés surtout, et un grand nombre de salons parisiens, il y avait, on le comprend, pendant la durée des sessions, un perpétuel échange de relations, de combinaisons et d'idées. Ces salons où les émotions parlementaires se survivaient, où les discours des partis trouvaient un puissant écho, étaient de deux sortes :

Il y avait les salons ministériels ou officiels; il y avait les salons politiques.

Les premiers étaient une véritable succursale du palais Bourbon; dans les autres, tenus et dirigés, soit par d'anciens hommes d'État, soit par des femmes politiques, car il y avait des femmes politiques alors, variété qui n'existe plus aujourd'hui, dans les autres, dis-je, on ne réglait qu'en amateurs les affaires de la France et celles de l'Europe.

La scène parlementaire avait besoin, d'ailleurs,

d'avoir des coulisses de ce genre où se préparaient les débats, où les questions s'élucidaient, où souvent se formaient les majorités ; et, pour comprendre toute l'importance de ce dernier résultat, il faut se rappeler qu'à cette époque les majorités loin d'être acquises et connues à l'avance, trompaient quelquefois tous les calculs, se jouaient des craintes comme des espérances, et pouvaient ainsi tout d'un coup renverser un ministère.

Rien ne peut plus de nos jours donner par la comparaison une idée exacte de ce qu'était alors l'existence parlementaire, prise soit au point de vue individuel, soit au point de vue collectif.

Lorsque le député après les triomphes de l'élection, après les félicitations de ses amis, les acclamations de la foule, les aubades des tambours, les sérénades des sociétés philharmoniques et les bouquets des jardinières du lieu, prenait la diligence ou la malle-poste pour se rendre à Paris, ce n'était point sans avoir au préalable été assailli par les solliciteurs d'emplois qui lui avaient remis des centaines de pétitions destinées à être déposées, revêtues de son apostille, entre les mains des ministres.

A son arrivée à Paris, il retrouvait les frères, oncles, neveux des pétitionnaires de province qui pétitionnaient à leur tour. Sa maison en était assiégée; la sonnette de son appartement était agitée dès l'aurore, et son cabinet toujours plein. La majeure partie de sa journée devait nécessairement être employée à courir les bureaux des ministères et à répondre aux lettres innombrables de ses commettants.

Assurément il aurait pu agir d'une autre sorte et se donner moins de mal, mais cela eût pu nuire à sa réélection future; et, en supposant (ce qui arrivait le plus souvent) qu'il lui fût impossible d'obtenir quelque chose pour le solliciteur, l'exactitude qu'il avait mise à informer ce dernier des démarches qu'il avait faites en sa faveur lui était comptée comme un bon point, et le posait en mandataire exact et complaisant aux yeux des électeurs.

Les séances de la Chambre étaient souvent employées elles-mêmes à cette correspondance incessante, et tel député ministériel et influent trouvait à peine le temps d'écouter les orateurs dans des questions qui, pour n'être pas essentiellement politiques, n'en avaient pas moins une grande importance.

Le député de l'opposition jouissait des avantages de la popularité, « cette gloire en gros sous, » comme a dit quelque part Victor Hugo, et les journaux de sa nuance en faisaient aisément un grand homme. Il avait encore sur ses adversaires politiques un avantage de plus : celui de ne pas être la victime des solliciteurs. Il est vrai que, patron en quelque sorte obligé de tous les mécontents, quelquefois même, suivant sa nuance, de tous les conspirateurs, il éprouvait le plus souvent d'affreux dégoûts et subissait des déboires plus affreux encore.

Un écrivain député de cette époque qui a conservé dans un âge très-avancé toute la verve et tout l'esprit de sa jeunesse, cet académicien que les grands et les petits journaux de l'opposition ont tant persifflé sous le nom d'auteur d'*Arbogaste*, M. Viennet, en un mot, a résumé de la sorte dans un article satirique du temps la condition du député de toute nuance : « Sur quelques bancs de la Chambre qu'on se place, le siége et le dossier ne sont point sans épines ; et les deux positions, assez semblables dans leurs résultats, ne valent guère la peine de quitter ses affaires, de fuir les douceurs du foyer domestique, de négliger ses amis, de renoncer à ses plaisirs habituels. Ajoutons-y cette irritation constante qu'on puise dans les débats parlementaires, les haines qu'on s'attire, les émotions vives et pénibles qu'on éprouve sans relâche, la tension perpétuelle des nerfs, l'inflammation des artères, l'altération progressive et rapide de la santé. Comptons les nobles victimes de cette vie d'agitation, d'inquiétude, de vivacité, de dispute, et convenons qu'il faut une forte dose d'ambition ou de patriotisme pour se jeter dans ces embarras, dans ces ennuis, dans ces combats politiques pour livrer sa vie à qui veut la troubler, son caractère à qui veut le noircir, ses sentiments, ses intentions même à qui veut les calomnier. Les ambitieux, et ils sont en petit nombre, en jugent autrement ;

mais quel est le but de leur ambition? le ministère? Galère d'une autre espèce! Voyez ces huit forçats qui rament sur ces bancs et portez-leur envie, si vous en avez le courage! Le plus rude châtiment qu'on puisse infliger à cette ambition, c'est de la satisfaire; et s'il n'y avait pas de péril pour l'État, je voudrais qu'on y fît passer tous ceux qui le désirent. Ce serait une belle progression de culbutes et le spectacle en serait fort amusant si nous n'étions pas exposés à le payer trop cher. Hélas! les neuf dixièmes de la Chambre ne se consolent qu'à l'aspect affligeant des huit malheureux assis en face de la tribune. Ils ont, à la vérité, un siége élastique, des chancelières pour l'hiver et de beaux hôtels payés par l'État, mais ils n'y dorment pas plus à l'aise, et je ne leur sais pas d'autre consolation que de penser qu'il est peut-être un homme plus malheureux encore, sur un siége brillant, surmonté d'un dais à crépines d'or, dans un palais où les chagrins et les tribulations entrent par toutes les fenêtres. »

Il y avait assurément beaucoup de vrai dans

cette boutade du spirituel académicien qui était aussi un homme d'un grand sens.

Cela prouvait-il, d'ailleurs, quelque chose contre le gouvernement parlementaire? Mon Dieu non! Il y a bien des manières de l'entendre et de le pratiquer. M. Viennet a toujours été un de ses défenseurs convaincus; chaque système politique a ses inconvénients, ses abus et ses défauts. Peut-on attendre rien de parfait de ce qui vient de l'homme? Le tout est de savoir distinguer et choisir ce qui entraîne le moins d'inconvénients, ce qui présente les moindres abus.

Le député d'alors avait, dans tous les cas, la satisfaction d'amour-propre de voir, à l'annonce d'une discussion un peu importante, la foule la plus brillante envahir (le mot n'est pas trop fort) l'enceinte de la Chambre; et lorsqu'un débat vraiment digne d'intérêt, un débat dans lequel de grands orateurs devaient nécessairement se faire entendre, était signalé d'avance ou simplement prévu, c'était un véritable siége qu'avait à soutenir l'enceinte législative. Les tribunes réservées prises d'assaut deux ou trois heures avant l'ouverture de la séance, celles de la maison du roi et du corps diplomatique occupées par un grand nombre de dames du meilleur monde dans les toilettes les plus élégantes indiquaient bien clairement la curiosité publique et faisaient aisément comprendre toute l'importance de la discussion qui allait se produire.

A la Chambre des députés, comme à la Chambre des pairs, mais plus particulièrement la première de ces deux assemblées, il se trouvait, en effet, un certain nombre d'orateurs, favoris du public, qui avaient le privilége de charmer ou de passionner leurs auditeurs, et, dans le drame parlementaire (c'était bien un drame et non pas une comédie comme la suite ne l'a que trop prouvé) tenaient en quelque sorte les premiers rôles.

Ainsi, lorsqu'un débat pouvait ou devait amener à la tribune l'un ou plusieurs de ces rhéteurs éminents qui avaient nom Guizot, Berryer, Thiers, Lamartine et de ces hommes politiques éloquents ou tout simplement diserts qui s'appelaient Odilon Barrot, Montalembert, Molé, Duchâtel, Dufaure, de Broglie, Tocqueville, Salvandy, Saint-Marc Girardin, Mauguin, Carné, etc., etc., rien ne peut aujourd'hui donner une idée de l'empressement du public parisien à suivre, en y assistant, les débats parlementaires.

Rien ne peut également, par la comparaison, reproduire l'aspect émouvant de la Chambre des députés, les jours de grande solennité oratoire. Pour bien comprendre cela il faut se rappeler qu'à cette époque la discussion de l'adresse en réponse au discours du trône n'était pas le seul terrain sur lequel la lutte pût s'engager, que les Chambres possédaient un droit d'initiative qui se traduisait dans la discussion des lois par des amendements d'une importance souvent capitale, enfin que le résultat du vote était le plus souvent imprévu.

Une séance importante ne se terminait quelquefois qu'à sept heures et demie, et alors, en supposant qu'il ne dînât pas chez quelque ministre, le député s'empressait d'aller prendre son repas et de s'habiller pour se montrer le soir dans quelque salon officiel ou politique.

Le principal salon officiel pour lui c'était celui du président de la Chambre qui, dans les souvenirs de cette époque, se personnifie en M. Sauzet, à cause du grand nombre d'années que M. Sauzet a rempli ces fonctions assez difficiles. Son concurrent ordinaire dans l'élection qui devait avoir lieu à chaque commencement de session était M. Dupin, lequel avait présidé la Chambre pendant les premières années du règne et l'avait fait avec cette verve caustique qui le distinguait si particulièrement. Quant à M. Sauzet, cet excellent homme, gros, à tête chauve et portant toujours des habits trop larges, on sait que sa carrière politique datait en quelque sorte du succès retentissant que son éloquence, très-remarquable alors, lui avait valu dans le procès des ministres de Charles X.

J'ai dit que le salon de la présidence se personnifiait, pour ainsi dire, en M. Sauzet. Il faut faire la même remarque pour ceux du ministère de l'intérieur et des affaires étrangères qui, ayant été occupés huit ans par MM. Duchâtel et Guizot, étaient vraiment devenus les salons de M. Guizot et de M. Duchâtel.

L'hôtel du ministère de l'intérieur (le ministère de l'intérieur n'occupait pas, comme de notre temps, deux hôtels dans deux différents quartiers) était situé dans la rue de Grenelle, au faubourg Saint-Germain, et ses beaux salons, auxquels on pouvait, en cas de grand bal, ajouter une construction légère donnant sur le jardin, étaient d'une dimension plus que suffisante pour les soirées et réceptions ordinaires. Le comte Tanneguy-Duchâtel qui possédait par lui-même et du chef de sa femme, nièce, si je ne me trompe, du général Jacqueminot, une fortune considérable, en faisait avec elle très-dignement les honneurs. C'était une très-belle et très-gracieuse personne que madame Duchâtel, qu'un embonpoint précoce ne déparait en aucune façon. Quant au ministre, tête carrée, cheveux noirs, physionomie énergique, sachant parler à la Chambre le langage des affaires avec une facilité et une lucidité parfaites, c'était, en dépit des partis, un excellent ministre de l'intérieur, de même que M. Guizot était un remarquable ministre des affaires étrangères.

Tout le monde connaît la belle gravure qui, reproduisant le portrait envoyé aux États-Unis, représente M. Guizot appuyé contre le marbre de la tribune, la main à demi cachée dans son habit boutonné. Cette tête pleine de dignité, ferme et impassible tout à la fois, s'illuminait à la tribune et perdait de son austérité au profit d'une éloquence hors ligne. Jamais on ne parlera mieux que ne le faisait M. Guizot le langage des grandes affaires, celui du véritable homme d'État. Cet orateur de petite taille grandissait, pour ainsi dire, en prenant la parole. Son organe était puissant, son geste simple, mais superbe. M. Guizot possédait toutes les qualités qui font le grand orateur.

Il est triste de le dire, mais le fait est incontestable : c'est parce que ce ministère qui avait à sa tête M. Duchâtel et M. Guizot a conservé trop longtemps la majorité dans les deux Chambres, c'est-à-dire a trop duré, que l'impatience de l'opposition s'est traduite par des actes qui, au dernier moment, et grâce au manque d'énergie d'un pouvoir surpris et paralysé, ont amené la Révolution de 1848.

La faute en est-elle à ces esprits éminents qui se trouvaient naturellement placés à un tel point de vue qu'il leur était difficile de reconnaître l'urgence d'une soi-disant réforme et qui n'admettaient pas que l'immobilité fût nécessairement la mort?

Ou bien au roi Louis-Philippe qui ne s'est pas souvenu que les Parisiens (je dis les Parisiens et non pas les Français) ressemblent fort aux Athéniens qui vouaient Aristide à l'ostracisme uniquement parce qu'ils s'ennuyaient de l'entendre appeler *le Juste*?

Le ministère des affaires étrangères était alors situé au coin du boulevard et de la rue Neuve-des-Capucines, précisément à l'endroit qu'occupent aujourd'hui les magasins d'Alphonse Giroux. Il était situé entre une cour peu spacieuse et un jardin qui se prolongeait du côté du boulevard. Ses salons étaient beaux et, lorsque tout le rez-de-chaussée était ouvert, très-suffisamment grands. Le cabinet et l'appartement particulier du ministre étaient situés au premier étage et donnaient sur le jardin et sur le boulevard.

Le salon des affaires étrangères avait un caractère particulier, un aspect différent de celui des autres salons officiels. Cela tenait à la présence du corps diplomatique et à celle des étrangers de distinction visitant Paris qui y accompagnaient leurs ministres. C'était aussi celui où l'on voyait le plus de monde, parce qu'il était le plus intéressant de tous, non-seulement à cause du personnel qu'on y trouvait, mais surtout à cause des nouvelles et informations politiques qu'on était certain d'y recueillir.

L'hôtel du comte Molé, lorsque le comte Molé n'occupait pas celui des affaires étrangères, était situé sur la place de la Ville-l'Évêque. Madame de la Ferté, fille de M. Molé, en faisait les honneurs avec son père et (M. de la Ferté appartenant au parti légitimiste) le salon de l'hôtel Molé joignait cette nuance politique à la nuance gouvernementale, qui pourtant était la plus apparente. C'était là que se voyaient les deux beaux tableaux de Scheffer représentant *Mignon regrettant la patrie* et *Mignon aspirant au ciel*. Jamais la poétique pensée de Goëthe n'avait été mieux exprimée que dans ces belles peintures, léguées dans le testament de M. le duc d'Orléans au ministre qui avait contribué à son mariage et provoqué l'amnistie politique qui l'avait accompagné.

Le comte Molé possédait aussi le beau château de Champlâtreux, résidence affectionnée de ses ancêtres et qui provenait de la succession de Samuel Bernard.

Il y eut dans la vie politique de M. Molé une époque qui fut certainement l'apogée de sa longue et honorable carrière : Le triomphe de la coalition approchait, mais nul ne pouvait encore le prédire et le prévoir. Le cabinet jouissait de la popularité que lui avaient conquise l'amnistie et la prise de Constantine. Rien d'équivoque n'existait encore dans sa situation. De plus, le comte Molé, personnellement ami d'un grand nombre d'hommes politiques ses contemporains, avait rencontré chez M. le duc d'Orléans des sentiments d'une sympathie toute particulière, à ce point que le prince royal, qui aimait à se mêler des affaires et qui, sous la responsabilité du général Bernard, alors ministre, dirigeait à peu près celles du département de la guerre, venait presque tous les jours visiter familièrement M. Molé dans son cabinet du boulevard des Capucines. Le roi voulut aussi donner la mesure de la faveur dont jouissait auprès de lui le président du conseil. Il lui exprima le désir de passer une journée au château de Champlâtreux.

Parti de Neuilly le 10 août 1838, Louis-Philippe arriva au château de Champlâtreux vers une heure et demie de l'après-midi. La reine, madame Adélaïde, la princesse Clémentine, les duc d'Aumale et de Montpensier accompagnaient le roi. M. le duc d'Orléans, retenu à Paris auprès de la duchesse, n'avait pu se joindre à la famille royale, non plus que MM. le duc de Nemours et le prince de Joinville qui étaient alors tous deux au camp de Lunéville.

Entouré de ses collègues, M. Molé reçut le roi

sur le seuil du château, et avec cette aisance pleine de distinction qui était une des qualités de sa nature il lui en fit aussitôt les honneurs. Pendant la promenade le roi et sa suite admirèrent la beauté des jardins et l'heureuse disposition du château dans un des salons duquel se trouvaient réunis les portraits de tous les ancêtres de M. Molé, ainsi que plusieurs tableaux auxquels se rattachaient des souvenirs chers à sa famille. Parmi ces derniers, on remarquait un tableau donné par Louis XV à un des descendants de Mathieu Molé. Louis-Philippe avait, dès le matin, envoyé son portrait peint en pied par Hersent. Ce portrait fut placé sur-le-champ dans la galerie. Puis le roi voulut tenir un conseil des ministres à Champlâtreux, et une peinture exécutée par Ary Scheffer et conservée dans cette résidence a fidèlement reproduit ce souvenir historique.

L'honneur que Louis-Philippe avait entendu faire au comte Molé en visitant ainsi sa demeure, il l'avait également accordé quelques mois auparavant, mais dans des circonstances bien différentes, à un autre personnage politique, le prince de Talleyrand.

Depuis deux années l'état de la santé du prince préoccupait à certains moments son entourage et le public diplomatique. Usé par les excès de toute nature, excès de travail, excès de plaisirs, auxquels il avait été livré, le corps commençait chez M. de Talleyrand à ne plus répondre à ce que l'esprit exigeait toujours de lui. Mais chez le prince qui avait adopté la maxime « qu'un homme d'État peut mourir, mais ne doit jamais être malade, » tout se traitait mystérieusement, diplomatiquement, en quelque sorte, et rien ne transpirait au dehors des ordonnances de ses médecins.

Dans sa résidence princière de Valençay, où tout était réglé avec une étiquette extraordinaire, les choses se passaient ainsi surtout. Le prince y vivait en petit souverain. Des courriers partaient de Valençay absolument comme d'une capitale de l'Europe. Mais le séjour de cette belle résidence, jadis une de ses prédilections, lui était devenu moins agréable depuis la mort de la princesse Poniatowska, qui avait été longtemps son amie intime et qui était peut-être la seule personne au monde avec laquelle il consentit à mettre une certaine expansion dans sa causerie journalière.

On prétend qu'un jour cette amie dévouée paraissant s'étonner du plaisir que le prince trouvait dans leurs conversations tête à tête, il lui répondit :

— Ah! ma chère, vous ne pouvez pas vous faire une idée du plaisir qu'on éprouve de temps en temps à dire la vérité quand on a passé toute sa vie à la cacher.

Ces causeries, qui embrassaient tous les sujets, se prolongeaient quelquefois jusqu'à deux ou trois heures du matin.

On comprend qu'après la mort de la princesse Poniatowska il fut difficile pour le prince de remplacer cette liaison qui avait tenu une si grande place dans son existence. Heureusement pour lui il avait à ses côtés une nièce d'une grâce et d'un esprit incomparables, madame la duchesse de Dino, princesse de Sagan. Mais que peut la plus

charmante femme du monde contre les coups du
temps et les atteintes de la vieillesse? Madame
la duchesse de Dino contribua puissamment à
rendre douces et agréables les dernières années
du célèbre vieillard. Elle ne pouvait rien faire de
plus et c'était beaucoup déjà.

Cependant les accidents survinrent; le prince
éprouva à plusieurs reprises des palpitations de
cœur extrêmement violentes d'où résultaient
presque toujours des attaques de goutte très-
aiguës, ce qui fit dire à un grand seigneur
étranger : « Vous allez voir que le cœur de M. de
Talleyrand sera tombé dans son pied-bot. »

Le prince quitta Valençay pour Paris. Au mois
de mars 1838 on le vit encore prononcer, dans
une séance de l'Académie des sciences morales
et politiques, l'éloge funèbre d'un diplomate de
son école, M. Reinhardt, et il semblait que le
vieillard eût voulu jusqu'à la fin entretenir le
public pour renouveler le bruit qui, si souvent,
s'était fait autour de son nom. Mais deux mois
plus tard ses forces diminuèrent rapidement.
Louis-Philippe le sachant dangereusement ma-

lade et se souvenant sans doute des services, si grands en effet, que M. de Talleyrand lui avait rendus dans les premiers mois de la Révolution de 1830, lui fit une visite dont le prince se montra fort touché.

— Sire, dit-il en se levant péniblement sur sa couche, c'est le plus grand honneur qu'ait jamais reçu ma maison.

M. de Talleyrand s'était réconcilié avec l'Église. Le jour même de sa mort il signa une rétractation de sa conduite religieuse écrite le 10 mars précédent. Cette rétractation très-curieuse était adressée au pape et en voici les termes :

« Touché de plus en plus par de graves considérations, conduit à juger de sang-froid les conséquences d'une révolution qui a tout entraîné et dure depuis cinquante ans, je suis arrivé au terme d'un grand âge, et, après une longue expérience, à blâmer les excès du siècle auquel j'ai appartenu, à condamner franchement les graves erreurs qui, dans cette longue suite d'années, ont troublé et affligé l'Église catholique apostolique et romaine, et auxquelles j'ai eu le malheur de participer. S'il plaît au respectable ami de ma famille, Mgr l'archevêque de Paris, qui a bien voulu me faire assurer des dispositions bienveillantes du souverain pontife à mon égard, de faire parvenir au Saint Père, comme je le désire, l'hommage de ma respectueuse reconnaissance et de ma soumission entière à la doctrine et à la discipline de l'Église, aux décisions et aux jugements du saint siége sur les matières ecclésiastiques de France, j'ose espérer que Sa Sainteté les accueillera avec bonté. Dispensé plus tard par le vénérable Pie VII de l'exercice des fonctions ecclésiastiques, j'ai recherché dans ma longue carrière politique les occasions de rendre à la religion et à beaucoup de membres honorables et distingués du clergé catholique tous les services qui étaient en mon pouvoir. Jamais je n'ai cessé de me regarder comme un enfant de l'Église. Je déplore de nouveau les actes de ma vie qui l'ont contristée, et mes derniers vœux seront pour elle et pour son chef suprême. »

La minute de cette rétractation fut déposée aux archives de l'archevêché de Paris.

Désormais en paix avec sa conscience, le prince de Talleyrand vit venir la mort avec une grande énergie morale. Il la traita même, pourrait-on dire, avec l'étiquette qui avait toujours présidé aux circonstances de sa vie. Dans une lettre adressée au pape et destinée à accompagner l'envoi de la rétractation, M. de Talleyrand avait écrit :

« Des mémoires achevés depuis longtemps, mais qui, selon mes volontés, ne devront paraître que trente ans après ma mort, expliqueront à la postérité ma conduite pendant la tourmente révolutionnaire. »

Annoncés en ces termes, les Mémoires du prince de Talleyrand seraient-ils (s'ils paraissent jamais) bien précieux pour l'histoire? Ce qu'il faut à l'historien, ce ne sont pas d'habiles apologies, c'est la rude et scrupuleuse vérité.

Le 17 mai 1838, à quatre heures moins dix minutes du soir, Charles-Maurice de Talleyrand-Périgord mourut dans cet hôtel de la rue Saint-

Florentin où jadis il avait donné l'hospitalité aux souverains alliés. Il était âgé de quatre-vingt-quatre ans.

Un salon non moins intéressant que celui des affaires étrangères, c'était celui du Luxembourg, autrement dit celui de M. le duc Decazes, grand référendaire de la chambre des pairs. On sait que le duc Decazes, le dernier des favoris, comme on l'a appelé, avait, sous les auspices du roi Louis XVIII, épousé mademoiselle de Sainte-Aulaire. Madame la duchesse Decazes, qui, avant tout, était une femme de beaucoup d'esprit, avait cherché à faire de son salon autre chose qu'un salon officiel. Elle y était en partie parvenue. La haute société de Paris, les représentants des lettres et des arts, s'y réunissaient aux membres de la pairie, au corps diplomatique et aux grands fonctionnaires. Les appartements du Luxembourg, qui rappelaient toujours un peu le souvenir de Barras et du Directoire, étaient d'ailleurs parfaitement disposés pour donner des fêtes, et une vaste galerie qui servait de serre et d'orangerie communiquait avec eux de la façon la plus naturelle et la plus commode. Le duc Decazes recevait grandement et largement. C'était chez lui une habitude d'ancienne date, et, pendant les différentes phases de sa carrière politique, il avait toujours vécu sans lésiner et sans compter.

D'une belle taille, la tête un peu dénudée, ce qui lui exhaussait le front, d'une figure régulière à laquelle des yeux perçants et assez enfoncés sous les sourcils donnaient un caractère particulier de finesse et d'observation, il avait conservé, même dans un âge avancé, une remarquable apparence extérieure et un air de jeunesse et de force relatives qui surprenaient ceux qui le voyaient pour la première fois. Je me souviens que, lorsque, en 1846, le roi Louis-Philippe lui confia une mission extraordinaire en Danemark auprès du roi Christian VIII, et que j'eus l'honneur de l'accompagner à la cour de Copenhague, le duc Decazes, dans son grand uniforme d'ambassadeur, représentait admirablement et faisait sensation même à côté des hommes du Nord, qui, généralement, sont d'une haute taille et d'une belle prestance. Il était impossible de ne pas reconnaître aux traces qui subsistaient encore à cette époque que, dans sa jeunesse, le favori de Louis XVIII avait dû présenter un type très-complet de beauté virile. Ce fut, du reste, très-certainement l'origine de sa haute fortune politique, car Louis XVIII, comme certains autres souverains, avait un faible pour la beauté plastique, et, à mérite égal, ayant à choisir, pour des fonctions qui rapprochaient souvent de sa personne, entre un homme de belle prestance et un personnage laid ou disgracieux, n'hésitait pas un instant à sacrifier à la grâce et à s'assurer le plaisir des yeux.

C'était en réponse à une mission de haute courtoisie du roi Christian VIII que le duc Decazes fut envoyé en Danemark en 1846. Le roi Christian avait, à propos de l'attentat de Lecomte, ce garde-chasse qui, caché derrière un mur, venait de tirer à Fontainebleau sur le roi Louis-Philippe, envoyé à Paris son grand écuyer, le comte Danneskiold, l'un des principaux personnages du Danemark, pour complimenter le roi d'avoir échappé à un pareil danger et lui remettre les insignes de l'ordre de l'Éléphant, l'un des plus anciens de l'Europe.

Le choix de M. le duc Decazes avait, en ces circonstances, une raison particulière. Le favori de Louis XVIII, qui, par la protection de son souverain, avait épousé la fille du comte de Sainte-Aulaire, historiquement alliée par les Feuquières à la famille régnante du Danemark, était, toujours par suite de la faveur du roi, et peu de temps après avoir été créé duc en France, nommé duc de Glucksbierg, en Danemark, par le roi Frédéric VI. L'hôtel de la légation française à Copenhague lui appartenait même, du chef de sa femme, et c'était sur cet immeuble que le majorat qui devait accompagner le titre de duc avait été établi.

Mon souvenir se reporte complaisamment vers cette terre danoise où j'ai passé d'agréables jours. Pauvre Danemark, dernier et fidèle allié de la France en 1814, qui eût dit qu'après les luttes glorieuses que, deux ans plus tard, en 1848, il devait soutenir contre l'Allemagne pour conserver le Schleswig et le Holstein, il se verrait un jour abandonné de tous et dépouillé sous nos yeux de plus du tiers de son territoire !

C'était à Hambourg que je devais rejoindre M. le duc Decazes, qui avait préféré la voie de terre à celle de mer, plus courte cependant, mais quelquefois aussi plus fatigante. Je m'embarquai donc au Havre, et, après une traversée de trois jours sous un ciel azuré, par une mer calme, après avoir salué les dernières côtes de France, entrevu les falaises lointaines du Texel et les roches d'Heligoland, nous parvînmes à l'embouchure de l'Elbe, dont les rivages couverts de villas délicieuses font pressentir à l'avance la riche cité de Hambourg, laquelle, à cette époque, ne gardait plus la moindre trace du terrible incendie qui l'avait presque détruite quelques années auparavant.

Je rejoignis M. le duc Decazes à l'hôtel de la *Vieille-Ville-de-Londres*, dont les fenêtres donnent sur le bassin de l'Alster, et où le duc était descendu avec le baron Lefebvre, son gendre, et Élie Decazes, son neveu. Dès le lendemain, nous repartîmes pour Kiel par le chemin de fer établi entre

Altona et cette ville, utile innovation puissamment favorisée par le roi Christian VIII.

D'Altona à Kiel, c'est-à-dire dans la plus grande largeur de ce duché de Holstein qui devait si grandement, plus tard, défrayer les conversations de Paris, le pays est peu accidenté : c'est une plaine d'un aspect assez triste, couverte de landes parsemées de quelques bouquets de bouleaux et de chênes, coupée sur divers points par des tourbières en exploitation, et sur laquelle se détache de temps en temps une maison bâtie en briques. Le sol en est généralement peu fertile ; il paraît très-marécageux, et des oiseaux d'eau s'envolent quelquefois, victimes de l'industrie moderne, au bruit des wagons, qui doit singulièrement les étonner. Des cigognes très-nombreuses, sans doute aussi très-respectées, animent de temps à autre ce paysage sévère en lui donnant un certain caractère dont il se trouverait dépourvu sans leur présence. Ces grands oiseaux sont familiers, et je suppose qu'il est défendu de les chasser et de les poursuivre. La première que j'eusse entrevue depuis mon départ de France traversait l'Elbe, un peu au-dessus de Hambourg, et volait tranquillement à quelques pieds de notre bateau à vapeur.

En approchant de Kiel, le sol devient onduleux, la végétation plus belle. Kiel présente un aspect fort joli et assez bizarre. Ses maisons, construites en briques pour la plupart, ont une apparence toute particulière qui me rappela celle des maisons hollandaises. Plusieurs appartiennent au dix-septième et au dix-huitième siècle ; elles deviennent alors très-curieuses. Quelques-unes sont en bois, et leur façade est ornée de médaillons sculptés représentant des souverains danois. Le château de Kiel, vaste bâtiment orné de plusieurs tours en forme de minarets, était ordinairement habité par le duc de Gluksbourg, prince du sang royal et gouverneur de la ville. Devant ce château s'étend un parc à l'anglaise. Le château et ce parc rempli de beaux arbres dominent le bras de mer sur lequel est situé le port de Kiel. Le lendemain, nous le quittions à bord du *Christian VIII*, pyroscaphe de guerre (c'est le terme usité dans tout le Nord) d'une charpente assez lourde et dont la destinée était d'être détruit deux ans plus tard, en 1848, dans la lutte engagée entre les Prussiens et les Danois. Bientôt les clochers de la ville et les tours de son château disparurent derrière les arbres; un vent léger, mais favorable, facilitait la marche du lourd navire qui nous emportait, et la mer, parfaitement calme, ne lui opposait aucune résistance. Cette mer si poétique, cette Baltique célébrée par les scaldes, s'étendit bientôt tout autour de nous; et, jetant alors mes regards en arrière, je dis adieu à ces collines couvertes de beaux ombrages dont les rameaux tombaient jusque dans les flots, à ces côtes verdoyantes du Holstein que je ne croyais plus revoir. Les rivages de Kioge, le rocher de craie que les matelots superstitieux nomment le Monsklint (le rocher de la jeune fille), s'enfuirent et disparurent à l'horizon comme ces nuages vaporeux qu'on voit souvent errer dans un ciel d'automne. Puis, après un magnifique coucher de soleil, la nuit vint transparente et parsemée d'étoiles. La mer, plus noire que le ciel et presque immobile, se confondait alors avec lui dans un horizon brumeux que, de temps à autre, traversait une voile lointaine.

Le capitaine nous avait annoncé que nous arriverions le lendemain à Copenhague, sur les huit heures du matin; je fus de bonne heure sur le pont du *Christian VIII*, et déjà nous approchions de la terre. Sur notre droite, j'apercevais les côtes de la Suède, et, dans un lointain azuré, la pointe des clochers de Lund; à gauche, la silhouette des principaux édifices de Copenhague, tels que le château de Christiansborg, la Bourse, les églises; la Tour Ronde commençait à apparaître distinctement, offrant un ensemble curieux et bizarre. A huit heures moins quelques minutes, nous passions devant le fort des Trois-Couronnes. A huit heures précises, le *Christian VIII* était amarré dans le port.

M. Dotézac, chargé d'affaires de France en l'absence du baron Billing, notre ministre, s'était embarqué pour venir recevoir, à bord du bateau, le duc Decazes, pour lequel il avait fait préparer des appartements à l'*hôtel d'Angleterre*, sur la nouvelle place Royale (Kongens-Nytorg). Nous montâmes dans des voitures d'une forme et d'une ampleur toutes danoises, et chacun eut bientôt pris possession du logement qui lui était destiné, c'est-à-dire d'une chambre avec un petit lit sans rideaux, un bureau, une table, quatre fauteuils plus ou moins en ruine, et un de ces poêles en fonte dans lesquels on brûle du charbon de terre l'hiver, ornement indispensable de tout appartement dans le Nord. Ce n'est qu'à grand'peine, et en priant le maître de l'hôtel de louer des meubles chez un marchand de la ville, que M. Dotézac était parvenu à procurer au duc un appartement convenable. Si l'on songe que *l'hôtel d'Angleterre* est pour Copenhague ce que *l'hôtel Meurice* et celui des *Princes* étaient alors pour Paris, on doit nécessairement en conclure que le luxe est chose incomprise sur les bords de la Baltique.

Les édifices qui entourent la place Royale n'ont rien que de fort ordinaire. Deux seulement attirèrent tout d'abord mon attention, le Théâtre et l'Académie des beaux-arts, mais non pas à cause de leur mérite architectural, car l'un et l'autre en sont entièrement dépourvus. Au centre figure une statue équestre du roi Christian V, statue en plomb d'un travail assez médiocre, achevée en 1688 par un artiste nommé César l'Amoureux. Un grand mouvement de voitures et de chariots anime continuellement cette place, sur laquelle est situé un corps de garde entouré de pièces de canon, à la manière allemande. De temps à autre, un cri particulier retentit dans l'espace, et tout aussitôt les soldats prennent les armes. C'est lorsque la sentinelle a signalé l'approche d'un équipage portant la livrée royale et appartenant à la cour.

Mais je ne devais pas m'en tenir à ce coup d'œil jeté par la fenêtre. Dès que le duc Decazes eut expédié à la résidence de Bernstorff son courrier porteur d'une lettre au roi, et envoyé notre chargé d'affaires chez le comte de Reventlow-Criminil, ministre des affaires étrangères, pour lui faire connaître son arrivée, il voulut, promeneur infatigable, visiter la plupart des monuments publics, et d'abord le château de Christiansborg, commencé en 1731, brûlé en 1794, puis rétabli dans son ordonnance première; château renfermant la Bibliothèque royale, qui contient quatre cent mille volumes et comprend toute la littérature scandinave, puis une galerie de tableaux de près de onze cents toiles parmi lesquelles les écoles flamande, hollandaise et allemande en comptent un assez grand nombre de très-remarquables. Le musée Thorwaldsen, adossé en quelque sorte à l'aile droite du château royal, est un monument dans le goût égyptien qui a été divisé en autant de compartiments ou de loges que Thorwaldsen a laissé de statues. Le plan du monument est ingénieux, mais l'ensemble en est désagréable à l'œil. Aussi, malgré quelques peintures excellentes qui, dans le goût des fresques de Pompeï, décorent intérieurement les bas-côtés du musée Thorwaldsen, ce monument bizarre est-il fréquemment critiqué. Ce n'est point ainsi que j'aurais compris un édifice national élevé à la gloire de l'un des plus grands artistes des temps modernes, du plus ingénieux, du plus poétique sculpteur dont j'aie jamais admiré les œuvres. On m'a assuré que Thorwaldsen lui-même avait désiré que le musée destiné à renfermer et garder sa gloire eût cette simplicité égyptienne qui devait faire ressortir toutes les richesses de son admirable talent. S'il en est réellement ainsi, le génie artistique peut aussi avoir ses erreurs.

Le petit château de Rosenborg, construit en 1604, est situé dans l'intérieur de la ville, au milieu d'un assez vaste jardin. Rien de plus curieux que cette vieille résidence royale construite en briques et ornée de tours à clochetons. Rosenborg est exactement dans le même état qu'au temps de Christian IV. Lorsqu'on entre dans ses appartements, dont l'ameublement tout entier date du seizième et du dix-septième siècle, et qui renferment mille raretés précieuses, on peut, au milieu de tous ces muets témoins des scènes du passé, se croire transporté à l'époque qu'ils représentent et personnifient. Je ne me lassais pas d'admirer ces vieux tableaux, ces ustensiles et ces armes de toutes sortes, ces bijoux, ces ciselures, ces meubles sculptés, chefs-d'œuvre de goût et de patience, en un mot, tous ces objets précieux dont quelques-uns ont une origine romanesque.

Les rois de Danemark habitent ordinairement pendant l'été les châteaux ou, pour mieux dire, les maisons de plaisance de Sorgenfrei (Sans-Souci) et de Bernstorff. Christian VIII avait quitté cette dernière résidence pour venir recevoir à Copenhague la mission extraordinaire du roi des Français, et avait fait savoir au duc Decazes que cette réception aurait lieu le 9 juin au palais d'Amalienborg, après le conseil des ministres, c'est-à-dire vers sept heures du soir. Le palais d'Amalienborg, divisé en quatre parties séparées dont l'ensemble forme la place de Frédéric, servait de demeure au roi, à la reine et au prince héréditaire. Le roi préférait ce séjour à celui plus magnifique sans doute, mais peut-être plus incommode, du château de Christiansborg.

Quelques instants avant l'heure indiquée, nous arrivions au palais où, dans un premier salon, se trouvaient réunis plusieurs des grands dignitaires de l'État, entre autres M. Stemann, ministre de la justice; M. de Levetzau, grand maréchal de la cour; le comte Yoldi, premier gentilhomme de la chambre, et le comte Danneskiold, grand écuyer.

Le duc Decazes fut tout d'abord introduit dans l'appartement du roi, et, quelque temps après, nous y fûmes appelés nous-mêmes pour être présentés à Christian VIII. Le roi, dont les traits exprimaient, mélange heureux chez un souverain, la bienveillance unie à la dignité, était né en 1786, et, par conséquent, avait atteint alors sa soixantième année. Ce prince daigna nous accueillir avec bonté et nous adressa successivement la parole. Puis le duc se retira, et l'on se rendit avec le même cérémonial chez la reine, dont les appartements se trouvaient situés dans le palais à l'étage supérieur. La reine Caroline-Amélie paraissait fort au courant du mouvement des idées en France, et sa conversation était pleine de charme. Admirablement douée par la nature, elle avait conservé toutes les grâces de la jeunesse dans la maturité de sa beauté.

Le lendemain de cette première réception, qui nous avait déjà fait connaître la majeure partie de la cour de Danemark, le duc fut invité avec toute sa légation à la résidence de Bernstorff, éloignée de la ville d'environ deux lieues de

France. Ce dîner était indiqué pour quatre heures précises, et l'on s'y rendit dans deux voitures précédées par un courrier. Arrivés à Bernstorff, nous trouvâmes les dames de la reine et les dignitaires de la cour réunis dans un salon octogone meublé dans le style Louis XV, et attendant que Leurs Majestés sortissent de leur appartement particulier. On était en frac, les décorations sur l'habit. M. de Levetzau, grand maréchal de la cour, faisait les honneurs du salon avec une bonne grâce toute particulière et le plus grand air du monde ; il voulut bien me mettre en rapport avec le comte Blücher, maréchal de la cour de la reine, et le comte Tremp, gentilhomme ordinaire de Sa Majesté. J'avais été présenté la veille à mesdemoiselles Walterstorff, de Krogh, de Zuptffen et de Rosen, dames d'honneur.

Le roi et la reine sortirent de leurs appartements et firent le tour du cercle en adressant la parole à chacun ; puis on passa dans la salle à manger, et, sur un signe du roi, les convives s'assirent à la place qui leur avait été désignée.

J'avais, pour mon propre compte, été assez heureux pour me trouver placé entre la spirituelle mademoiselle de Zuptffen et M. de Reventlow, ministre des affaires étrangères, un des hommes les plus distingués et les plus intéressants de ce pays, que la brûlante question des duchés de Schleswig et de Holstein devait malheureusement engager, peu de temps après, à remettre son portefeuille aux mains du roi. Ce dîner fut ce que pouvait être un premier grand dîner officiel, égayé seulement par les délicieuses symphonies que la musique d'un régiment d'infanterie exécutait sous les fenêtres de la salle. Chaque convive avait à côté de lui, avec le menu du dîner, un programme de ce concert. Après le dîner, durant lequel le roi Christian VIII avait porté un toast au roi Louis-Philippe, chacun se retira, suivant une coutume parfaitement commode, dans des appartements où, durant une heure environ, on put se rafraîchir (c'était le terme consacré) avant de redescendre au salon. Une chaleur de vingt-huit degrés Réaumur rendait, en effet, la chose fort utile. Les équipages de la cour attendaient à la porte, le roi ayant désiré faire faire à M. le duc Decazes une promenade dans le parc de Bernstorff, délicieuse forêt dont les hêtres magnifiques, les pelouses immenses couvertes de daims et de cerfs, les sombres futaies qui s'étendent jusqu'à la mer, me semblèrent infiniment plus remarquables que tout ce que j'avais vu de ce genre en Angleterre, précisément parce que la mer forme toujours ici le dernier plan du tableau ; et quel plus merveilleux horizon ! On s'arrêta quelques instants au pavillon de chasse appelé l'Ermitage ; il est élevé sur une colline regardant le Sund, et je pus jouir d'un ravissant coup d'œil du haut des balcons de ce pavillon que le roi paraissait affectionner. On passa à Klampenborg, lieu situé au bord de la mer, où, sous le prétexte de suivre le traitement hydrothérapique et de se soigner par l'eau froide, on avait organisé des bals et d'excellents concerts. « Ici, nous disait le grand maréchal, M. de Levetzau, en nous montrant les jolis *cottages* qui composaient la colonie de Klampenborg, ici on boit maintenant beaucoup d'eau ; mais le temps n'est

pas éloigné où on y boira beaucoup trop de vin. »
On revint ensuite à Bernstorff, où nous trouvâmes une collation servie, c'est-à-dire du thé, des fraises à la crème et une sorte de brouet très-apprécié en Danemark et se composant de lait caillé saupoudré de sucre, de cannelle et de mie de pain. Il était près de deux heures du matin lorsque nous rentrâmes à Copenhague.

Entre ces premières réceptions et les dernières fêtes qui signalèrent à cette époque le passage de la mission extraordinaire de France en Danemark, nous allâmes visiter deux résidences royales que les rois ne visitaient plus guère alors, Fredensborg et Frédériksborg. Fredensborg est un château de plaisance qui, à l'intérieur, n'offre rien de très-remarquable, sinon une grande salle éclairée par le haut et dans laquelle la paix entre le Danemark et la Suède fut signée en 1721. Mais Fredensborg, dont le nom signifie, en effet, *château de la paix*, est bâti au milieu d'un parc délicieux qui entoure le beau lac d'Esrom, au delà duquel on aperçoit des coteaux boisés du plus charmant aspect. Ce parc de Fredensborg, dessiné à l'anglaise, renferme des hêtres véritablement gigantesques dont les rameaux touffus tombent presque jusqu'à terre sur des pelouses incomparables. Rien de plus mélancolique que ces ombrages qui n'abritent plus les splendeurs royales; rien de plus pur que l'onde azurée du beau lac d'Esrom. Le comte d'Ahlefeld habitait avec la comtesse et ses charmantes filles le château dont il était, je crois, gouverneur, et dont il nous fit les honneurs avec beaucoup de courtoisie.

De Fredensborg, jadis résidence favorite de Christian VII, nous prîmes le chemin de Frédériksborg en suivant une route accidentée par des bois de sapins et de hêtres. C'était un curieux château qui me rappela, en plus grand, tous les détails de celui de Rosenborg. Commencé par Frédéric II, Fréderiksborg fut achevé par Christian IV. Imposant et vaste manoir d'un aspect bizarre, tout en briques, hardiment bâti au milieu d'un lac, ses tours à clochetons se détachaient mélancoliquement mais admirablement dans le crépuscule de ce ciel du nord. Hélas! quelques années plus tard, il était dévoré par un

terrible incendie, et avec lui s'engloutissaient
une foule de souvenirs bien précieux au point de
vue historique. On y conservait dans de grandes
salles et galeries les armoiries de tous les chevaliers de l'ordre de l'Éléphant, collection intéressante par les grands noms de tous les pays
qu'elle renfermait. Celle de l'ordre du Danebrog
était également fort curieuse. La chapelle de
Frédériksborg, pieusement enrichie par le roi
Christian IV, présentait de véritables merveilles
de sculpture et l'on y remarquait plusieurs fi-
gurines en argent d'un travail vraiment admirable. On a dit de Frédériksborg que c'était le
Panthéon des gloires danoises. L'étage supérieur
du château était en effet rempli de portraits de
souverains et de grands hommes. Les traits du
célèbre Christian IV s'y trouvaient souvent reproduits. C'est le Henri IV danois. Mais, parmi tous les
portraits historiques que renfermait le château,
celui que je remarquai peut-être avec le plus vif
intérêt, ce fut celui de la reine Mathilde, plutôt
agréable que belle, et si fatale à Struensée, ainsi
que celui de cet homme d'un grand esprit et d'une

incontestable valeur, mais dont les traits, assez réguliers, manquaient pourtant de distinction et d'inspiration. Sur le vitrail d'une fenêtre, dans une des tours du château, je lus cette phrase anglaise écrite avec un diamant par la reine Mathilde et que l'on avait religieusement conservée; *O God keep me innocent make others great*[1]! Pauvre femme, était-ce un cri de sa conscience ou un involontaire aveu de son amour?

Le 28 juin était le jour de la fête de la reine. La veille M. le duc Decazes avait été invité avec toute sa légation à la résidence de Sorgenfrei et le roi avait daigné, tout en lui conférant l'ordre de l'Éléphant, lui remettre les insignes de cet ordre pour M. Guizot, ministre des affaires étrangères de France, faveur dont la rareté augmentait naturellement le prix. Le lendemain il devait y avoir service solennel dans l'église de la résidence, puis grand dîner, feu d'artifice et bal. Ce programme fut exécuté fidèlement. Sorgenfrei est situé à quatre lieues de Copenhague sur la route

---

[1] O Dieu! conserve-moi innocente; Donne la grandeur aux autres!

de Frédériksborg. Christian VIII l'habitait comme prince royal et l'affectionnait particulièrement, parce qu'il y était entouré de souvenirs qui lui étaient chers. Malheureusement les appartements n'en étaient pas assez vastes pour se prêter aisément aux exigences d'une fête de cour. Le dîner du 28 fut élégamment somptueux et, pendant sa durée, la musique de la garde jouait admirablement les plus jolis morceaux des opéras de Donizetti, de Verdi, d'Halévy et d'Auber; puis les invités au bal arrivèrent et la reine tint un cercle jusqu'à ce que les premiers bruits du feu d'artifice se fussent fait entendre. Enfin les danses commencèrent et malgré les dimensions insuffisantes du local le bal présenta un agréable coup d'œil, grâce à la variété des uniformes et à la fraîcheur des toilettes. La présence de tous les jeunes princes de la famille royale contribuait à lui donner de l'animation. Qu'est devenue depuis cette cour si gaie et relativement si brillante? la mort, les révolutions, les guerres et les dissensions de famille à propos de cette malheureuse question des duchés l'ont anéantie, dispersée, amoindrie ! Ah ! que peu d'années peuvent apporter de changements dans les choses humaines soit individuelles, soit collectives ! que de mélancoliques réflexions sont quelquefois suggérées par les souvenirs !

Ce soir-là nous prîmes congé de leurs majestés danoises ; le duc Decazes retourna en France. Quant à moi, je m'embarquai pour Saint-Pétersbourg où j'eus la bonne fortune d'assister, avant de me rendre en Suède, aux fêtes merveilleuses qui furent données à l'occasion du mariage de la grande-duchesse Olga avec le prince de Wurtemberg, aujourd'hui roi de ce pays.

Le duc Decazes avait trois enfants, deux fils et une fille. L'aîné, connu jusqu'à la mort de son père sous le nom de duc de Gluksbierg, joua un rôle important, comme chargé d'affaires à Madrid, au moment des mariages espagnols, et les événements de 1848 vinrent fatalement, pour lui comme pour tant d'autres, fermer une carrière dans laquelle il avait débuté avec une grande distinction.

Mais revenons à Paris et arrêtons-nous devant

la grille d'un joli hôtel de la place Saint-Georges. Cette grille qui sépare de la place le petit jardin qui s'étend devant l'hôtel, s'ouvre au coup de sonnette pour donner passage aux voitures, et celles-ci après avoir remonté la pente du jardin s'arrêtent sous une voûte qui se prolonge dans toute la largeur de l'hôtel pour aboutir à une cour où elles peuvent tourner. Sous la voûte, à main droite, se trouve une porte vitrée. On monte quelques degrés et l'on pénètre dans un élégant vestibule. Nous sommes chez M. Thiers.

De ce vestibule on entre, toujours à droite, dans un premier salon séparé d'un second par une portière relevée. Ce second et vaste salon, plus long que large, est meublé avec une élégance sobre et du meilleur goût; l'entourage intime de M. Thiers s'y trouve réuni. Il se composait, sous Louis-Philippe, de M. Dosne, receveur général du Nord et de madame Dosne, son beau-père et sa belle-mère (M. Dosne paraissant rarement, d'ailleurs, dans les salons de son gendre, à cause de ses fonctions financières qui le tenaient éloigné de Paris), de madame Thiers, dont la beauté sérieuse était toujours très-remarquée, et de sa charmante sœur mademoiselle Dosne, MM. Charlemagne, Vivien, députés, d'Argout, pair de France, et plusieurs membres de ce qu'on nommait alors le tiers-parti complétaient cette intimité presque quotidienne; excepté les jours où M. et madame Thiers avaient leur loge aux Italiens, ils ne se rendaient, en effet, dans le monde que très-tard et lorsque tous leurs visiteurs du soir étaient partis.

C'étaient ces dames qui faisaient d'ordinaire les honneurs du salon, car, par suite d'une invincible habitude, M. Thiers devait, après son dîner, se livrer à une sorte de sieste et céder, au moins pendant une heure, au sommeil qui l'accablait; il ne quittait pas le salon pour cela et se retirait dans un coin obscur où, étendu sur un fauteuil, il pouvait satisfaire ce besoin de repos auquel la nature, non moins que l'habitude, le condamnait en quelque sorte. Chacun, en passant à côté de lui, respectait son sommeil; puis tout d'un coup il se levait, se rapprochait des différents groupes, saluait les dames et, comme si le repos eût rajeuni sa pensée, de... ..it le plus charmant, le plus brillant causeur du m' nde.

M. Thiers se montrait d'ailleurs de la courtoisie la plus parfaite et, lorsqu'une dame se retirait, ne manquait jamais de l'accompagner jusque dans le vestibule, ne rentrant que lorsqu'il l'avait vue monter dans sa voiture quelques instances qu'on pût lui faire.

Il n'y a qu'une nature privilégiée qui puisse réunir les facultés oratoires aux facultés littéraires, le talent de la parole à celui de la plume, et ce double don naturel a été la grande force de M. Thiers dont le prince de Talleyrand disait un jour, en répondant à je ne sais quelle boutade de grand seigneur : « Il n'est pas parvenu, il est arrivé. » Seulement ce qui dans ses travaux historiques, particulièrement dans l'*Histoire du Consulat et de l'Empire*, paraît à certains lecteurs (nous ne sommes pas de ce nombre) une sorte de défaut, c'est-à-dire l'abondance des détails, les preuves réitérées d'un fait, les développements prolongés d'une situation historique ou financière, les explications, si instructives du reste, qui font remonter de l'effet à la cause, tout cela qui après tout n'est que de la force et du « trop plein, » si je puis m'exprimer ainsi, devient merveilleux dans un discours d'affaires ; et j'ajouterai qu'à la Chambre, surtout dans la seconde moitié de sa carrière politique, M. Thiers a toujours (on le sait) parlé affaires en véritable homme d'État ; les questions financières particulièrement ont été traitées par lui d'une façon magistrale et comme un homme du métier aurait pu le faire.

Une des précieuses qualités de M. Thiers, c'est le bon sens. Égaré dans le parti de la réforme en 1848, il avait hautement désapprouvé le projet de banquet. Deux jours avant la chute de la monarchie, il disait dans la réunion des députés de la gauche qui avait choisi pour local un entresol situé au-dessus du café de la Madeleine :

— Messieurs, j'entrevois le bonnet rouge sous la table de votre banquet, et quant à la bataille dont vous parlez, que vous semblez prévoir, je ne la désire pas, et savez-vous pourquoi ? C'est que je ne veux pas être vaincu (il m'est bien permis d'avoir ce goût-là) et que je veux encore moins être vainqueur.

Quatre mois après, devenu *représentant du peuple*, M. Thiers revenait un peu tard de l'Assemblée nationale, tout en causant avec M. Berryer auquel il donnait le bras. Tous deux s'arrêtèrent pour dîner au café de la Madeleine, et le hasard fit qu'on les servit dans la salle où l'opposition se réunissait avant février.

— Eh bien ! que vous affirmais-je, il y a quelques mois à cette même place, dit-il en souriant à son interlocuteur, étais-je alors bon prophète?

J'ai parlé tout à l'heure des femmes politiques et j'ai dit que de notre temps cette spécialité n'existait plus. Que ferait-elle, en effet, et quelle influence pourrait-elle exercer de nos jours? Dans les premières années du règne de Louis-Philippe la princesse Bagration avait essayé de jouer ce rôle et M. le duc d'Orléans, dont elle rêvait le mariage, paraissait même assez fréquemment dans son salon. Mais son influence n'était pas très-étendue. Madame la princesse de Liéven lui succéda : c'était une femme extrêmement remarquable et d'un esprit très-distingué que la princesse de Liéven. Amie intime et dévouée d'un autre esprit hors ligne, M. Guizot, et devenue son Égérie, il était rare qu'un jour se passât sans que l'homme d'État allât s'inspirer de ses conseils; car, à une connaissance approfondie des cours de l'Europe, elle joignait un jugement très sûr. Madame la princesse de Liéven s'est souvenue jusqu'à la fin de son ancien ami et ce souvenir s'est traduit dans son testament par une pensée touchante : on sait que durant sa longue carrière M. Guizot n'a jamais songé à sa propre fortune et que son revenu est à peine l'*aurea mediocritas* dont parle Horace. La princesse lui a légué par ses dernières volontés une petite somme destinée à faire les frais de la location mensuelle d'une voiture, douceur précieuse à son âge. Un autre salon politique et diplomatique était celui de madame de Rumford, mais madame de Rumford n'avait pas l'influence et la portée d'esprit de la princesse de Liéven, son cercle seulement présentait un intérêt très-vif à l'observateur.

Il y avait aussi des entresols politiques; un

surtout situé rue Royale et qui possédait une clientèle très-distinguée. C'était celui de madame de Courbonne, une femme douée de beaucoup d'esprit et de finesse, mais qui avait peut-être encore plus de finesse que d'esprit. Madame de Courbonne, après un mariage d'entraînement et de jeunesse avec un artiste de l'Opéra, M. Roland, union qui, paraît-il, ne l'avait pas rendue heureuse puisqu'elle s'était séparée de son mari et avait repris son propre nom de famille, madame de Courbonne, qui d'ailleurs possédait une belle fortune, était parvenue peu à peu à se créer un salon intéressant où se rendait la bonne compagnie et où ne dédaignaient pas de paraître des personnages tels que le chancelier Pasquier, le comte Molé et bien d'autres de la même importance, car on était sûr, en y venant, d'apprendre toutes les nouvelles de la cour et de la ville. Un autre élément plus gracieux du salon de madame de Courbonne, c'était la pléiade de jeunes femmes qui venaient en *prima sera*, comme on dit, c'est-à-dire avant l'heure du bal, se chauffer les pieds chez elle et y faire admirer de brillan-

THIERS

XI

Salons littéraires. — Soirées du comte Jules de Rességuier. — Sa famille.—MM. Émile et Antoni Deschamps, Jules de Saint-Félix, de Beauchêne. — Les vers de Jules de Rességuier. —Salon de Madame d'Arbouville. — Ses œuvres. — Sa mort prématurée. — Ses amis littéraires et politiques. — Salons particuliers du petit et du grand faubourg Saint-Germain. — La chaussée d'Antin. — Individualités. — La comtesse Samoyloff. — L'hôtel de M. de Rothschild. — Le théâtre du comte Jules de Castellane. — Les pièces et les acteurs. — Premiers grondements de l'orage de 1848. — Le dernier bal sous Louis-Philippe. — Le prince de Ligne ambassadeur de Belgique.

Il y avait rue Taitbout un de ces véritables cénacles de la littérature et de l'art où le goût, la grâce et l'élégance se donnaient rendez-vous avec la critique, réunion charmante d'esprits d'élite et de femmes distinguées qui, par sa composition, quelquefois aussi par les noms historiques qu'elle renfermait, rappelait tout à fait l'hôtel de Rambouillet, moins les précieuses. C'était la demeure du comte Jules de Rességuier, un poëte délicat auquel il n'a manqué que de produire davantage pour être placé dans l'opinion au rang des écrivains fantaisistes les plus connus et les plus aimés de notre temps. Ce nom de Jules de Rességuier rappelle au souvenir des hommes qui ont bien connu cette époque littéraire toute une pléiade de poëtes et d'écrivains qui se groupaient autour de lui, tels qu'Émile et Antoni Deschamps, Jules de Saint-Félix, de Beauchêne, etc.

Malheureusement chez le comte Jules de Rességuier le poëte était doublé d'un homme du monde et d'un homme du monde d'autant plus occupé qu'il était plus recherché. Le temps, ce tyran de l'homme, lui a manqué comme à tant d'autres; mais, quelque mince que soit son bagage littéraire, il n'en fallait pas tant autrefois, du temps des Hamilton, des Bernis, des Boufflers, des Chaulieu, des la Fare, pour établir et maintenir une réputation durable.

Jules de Rességuier était un poëte du midi. Sa chevelure noire si bien bouclée sur son front mat, et ses yeux noirs si intelligemment perçants l'eussent fait aisément deviner. La comtesse de Rességuier, deux enfants aussi spirituels que leur père et que, par une aimable habitude, il traitait absolument en camarades, composaient cette famille si gracieusement hospitalière. Il fallait voir Jules de Rességuier au milieu de son salon rempli, entouré et pressé par un essaim de jolies femmes qui lui demandaient quelques-uns de ses vers inédits, se diriger vers la cheminée, s'accouder sur le marbre et réciter d'une voix agréable et vibrante des strophes qui rappelaient les meilleures d'Alfred de Musset, *la Châtelaine du Languedoc*, par exemple, que j'avais retenue et écrite de souvenir :

> Dame du Languedoc, rose de la pelouse,
> Qui d'un lien de fleurs environne Toulouse,
> Astre de l'horizon si bleu dans ses contours,
> Muse de mon pays, châtelaine aux dix tours,
> Votre voix, jeune écho de l'antique mystère,

Dit de Jérusalem les trésors rapportés.
Vous célébrez la gloire et l'amour du trouvère;
Comme on chantait jadis, aujourd'hui vous chantez :

> « C'est la fête, Clémence Isaure,
> L'air dans le ciel est parfumé,
> La terre s'émaille et se dore,
> C'est le troisième jour de mai,
> Et sur nos quais, près de la rade,
> Au maître-autel de la Daurade,
> L'église étale ses couleurs;
> Le prêtre revêt son étole,
> Et bénit pour le Capitole,
> Toutes les couronnes de fleurs. »

Et puis vous racontez, en répandant des larmes,
Nos croix et nos drapeaux dans l'orage emportés!
Ou songeant à l'espoir qui reste avec nos armes,
Comme on chante en secret ses amours, vous chantez :

> « Palais de marbre, toits de chaume,
> Villes et champs, tout le royaume
> Reprendra l'éclat souverain !
> Ce royaume, gonflé de gloire,
> Peut aller du Tibre à la Loire,
> Et du Mançanarez au Rhin. »

Mais pourquoi vois-je fuir sous la vitre en losange,
La dentelle d'argent de votre bavolet,
Votre nœud de velours, votre figure d'ange?
Restez... Répétez-moi vos chansons, s'il vous plaît,

Dame du Languedoc, rose de la pelouse,
Qui d'un lien de fleurs environne Toulouse,
Astre de l'horizon si bleu dans ses contours,
Muse de mon pays, châtelaine aux dix tours!

Après le maître de la maison, c'était Émile Deschamps qui, sollicité de même, continuait le discours harmonieux et charmait ses auditeurs en récitant avec l'esprit qu'on lui connaît quelques-uns des jolis morceaux qu'il destinait à quelque recueil périodique. Car, dans son inépuisable verve, il suffisait qu'on s'adressât à lui pour en obtenir un gracieux échantillon de cette muse élégante et facile qui me le fait comparer à un Parny, moins l'incrédulité.

D'autres lui succédaient et ainsi se passait trop rapidement une soirée d'un intérêt bien vif qui laissait de longs souvenirs.

Je mettrai de côté à dessein les salons des grandes notabilités littéraires sur lesquels on a donné tous les détails possibles ou dont les hôtes ont pris eux-mêmes la peine de faire en quelque sorte la photographie afin que le public fût complétement initié à leurs mystères, habitudes et coutumes. En recherchant au contraire ceux qui, sans bruit, sans publicité et réclames, avaient une valeur et une importance véritables, je trouve naturellement celui de madame d'Arbouville.

Madame d'Arbouville était mademoiselle de Bazancourt et sœur du baron de Bazancourt connu par ses écrits militaires sur nos campagnes de Crimée et d'Italie, qu'une mort prématurée a récemment enlevé à ses amis au nombre desquels j'étais moi-même. Madame d'Arbouville avait épousé le général de ce nom qui a fait partie de ce groupe d'*Africains*, comme on les nommait, et d'où sont sortis les Changarnier, les Lamoricière, les Cavaignac, les Bedeau, les Bosquet; officier qui, pour le dire en passant, a fait preuve soit en Algérie, soit en France, durant les discordes civiles de la seconde république, notamment à Lyon, en 1849, d'éminentes qualités militaires. Nièce des d'Houdetot et de la baronne Flemming, madame d'Arbouville habitait un appartement que cette dernière lui avait réservé dans l'hôtel qu'elle habitait place

Vendôme. Cet appartement dont les dimensions étaient un peu restreintes pour le nombre d'amis que madame d'Arbouville avait su se faire par les plus précieuses qualités que puisse posséder une femme du monde, se trouvait situé au fond de la cour de l'hôtel. A chaque instant la porte en était assiégée par ce que Paris comptait de plus distingué dans la politique et dans les lettres : car, si grâce à sa position personnelle et à ses parentés ou alliances, madame d'Arbouville tenait à la politique, elle tenait encore plus aux lettres par un remarquable talent d'écrivain, talent qu'elle cultivait modestement, simplement, à ses heures, mais qui s'était traduit par plusieurs nouvelles d'un intérêt et d'un charme très-grands. Publiées dans des revues, ces nouvelles ont été réunies en un volume après la mort de madame d'Arbouville, car l'impitoyable mort a enlevé bien avant son frère et d'une façon aussi cruelle que prématurée cette femme d'un esprit charmant, d'une bonté de cœur incomparable et dont le talent prêt à prendre toute son ampleur faisait à l'art de si belles promesses.

Ce fut chez madame d'Arbouville que je vis pour la première fois le général Changarnier. Il arrivait d'Afrique et sa conversation était d'autant plus intéressante qu'il y avait dans son attitude, dans toute sa personne, un je ne sais quoi qui faisait supposer qu'il jouerait quelque jour un rôle historique. Il paraissait, d'ailleurs, le croire lui-même et avoir confiance dans la destinée. Hélas! nos révolutions et nos discordes civiles ont dévoré ou dispersé loin de la patrie bien des hommes qui étaient faits pour la servir et l'honorer.

Madame d'Arbouville connaissait et recevait un assez grand nombre d'académiciens, mais parmi les plus assidus il fallait compter M. de Salvandy et M. Sainte-Beuve. Parente du comte Molé, cousine de M. de Barante, elle possédait naturellement une certaine somme d'influence littéraire, et lorsque Alfred de Musset posa sa candidature académique elle lui rendit, dans l'ombre et sans le connaître autrement que par ses œuvres, les services les plus utiles, les plus décisifs. On ne sait pas tout ce peuvent certaines femmes dans les élections académiques. Ce n'était pas l'homme, du reste, c'était l'art que madame d'Arbouville voyait uniquement en cette circonstance.

Le faubourg Saint-Germain s'est, depuis le premier Empire, toujours classé lui-même en petit et en grand faubourg Saint-Germain. Les nuances sont difficiles à saisir et la ligne de démarcation à indiquer, mais, enfin, ces dénominations existent. S'agit-il de salons plus ou moins grands, d'hôtels plus ou moins somptueux, de noms plus ou moins retentissants? Évidemment le petit vaut le grand et le grand vaut le petit. C'est, et plus que toute autre chose, une affaire de coteries, de sociétés, d'individualités même; mais il est certain que les deux catégories ne fusionnent pas entre elles et qu'il y a telles femmes par exemple qui, reines dans le petit faubourg, ne pourront jamais parvenir jusqu'au grand. C'est un peu l'histoire de la noblesse de province et de la noblesse de cour.

Dans ces souvenirs il ne peut s'introduire des distinctions de ce genre, et parmi les salons du faubourg Saint-Germain qui avaient alors une notoriété uniquement fondée sur les agréments que l'on y trouvait je citerai ceux de mesdames Pozzo di Borgo, de Maillé, de Valentinois de Bellissen, de Rauzan, de Lespine, de Béthisy, de Virieu, de la Tour-du-Pin, Walsh, de Tillière, de Portes, d'Aoust, des Roys, Collot, de Tully, Espivent, de Mesnilglaise, de Godefroid et plusieurs autres dont les noms m'échappent.

Et parmi les salons qui appartenaient au faubourg Saint-Germain par la société, sinon par le quartier, ceux de mesdames d'Osmond, de Pontalba, de Bourbon-Conti (qui plus tard épousa M. Sosthènes de la Rochefoucauld, devenu duc de Doudeauville).

Les concerts de madame Orfila étaient aussi beaux que ceux de la comtesse Merlin. Par une singularité digne de remarque, M. Orfila, le célèbre docteur qui, pour mieux connaître les effets des divers poisons, avait eu la conscience de les essayer presque tous, à la façon de Mithridate, s'était également, au milieu des plus sérieuses études, occupé de musique et, parmi tant d'autres travaux, avait trouvé le temps de travailler sa superbe voix de basse. Rien de merveilleux, par exemple, comme un duo bouffe de Rossini chanté par M. et madame Orfila, ou l'air du charlatan, dans le *Philtre*, exécuté par l'excellent et illustre docteur.

Parmi les riches étrangers qui aimaient à recevoir et le faisaient quelquefois avec beaucoup d'éclat, il convient de citer le colonel Thorn, M. Hope, madame Schickler, le prince Tuffiakin, mesdames Clifton, Marsh, Stuart, belle-mère de M. de Strada, Tudor, Strikland, etc.

Le prince Tuffiakin possédait, sur le boulevard, en face le passage des Panoramas, un petit hôtel parfaitement distribué qui a disparu pour faire place au passage Jouffroy. Il y est mort et n'a pas eu le regret de voir cette transformation. Balzac était un des commensaux ordinaires du prince Tuffiakin.

Rue de la Pépinière, et dans un hôtel de proportions plus restreintes, mais également très-orné, la comtesse Samoyloff recevait ses nombreux amis. La beauté de la comtesse Samoyloff était étrange, et lorsqu'on l'avait vue on en conservait un long souvenir. Grande, d'une taille opulente, le visage encadré de magnifiques cheveux noirs qui lui faisaient comme une crinière de lionne, et présentant le type le plus saisissant de la race mongole primitive dans toute sa pureté, il était impossible, en effet, de ne pas se rappeler longtemps et souvent la comtesse lorsqu'on l'avait rencontrée sur sa route.

En quittant la Russie, elle était venue d'abord en Italie et s'était fixée à Florence. Là, brillante amie et protectrice des arts pour lesquels elle avait le goût le plus éclairé, bonne et charitable aussi, elle avait promptement conquis une popularité singulière. C'était à qui, dans la rue comme dans les salons, vanterait ses rares qualités de cœur et la grande distinction de son esprit. Dans toutes les capitales de l'Italie elle eut le même succès qu'à Florence et jouit de la même popularité si légitime. Un jour, se promenant au Corso de Naples, elle trouva sur son passage une vieille femme accompagnée d'une belle jeune fille de onze ans dont les traits reproduisaient le galbe pur et le coloris puissant des vierges du Corrége. La jeune fille tendait la main pour sa mère infirme, mais elle le faisait avec un geste d'impatience. Madame Samoyloff, frappée tout à la fois de cette beauté et de cette misère, adopta l'enfant et la fit élever près d'elle avec tous les soins d'une véritable mère. Lorsqu'elle eut atteint seize ans, la jeune napolitaine était superbe. Elle fut demandée en mariage par le chevalier Amici de Florence. La comtesse agréa cette demande. Elle donnait douze mille livres de rente et un hôtel à la jeune fille qui d'abord n'avait pas refusé ce parti qui se présentait pour elle; mais, au dernier moment, celle-ci vint avouer à sa bienfaitrice que son cœur n'avait pas parlé pour le chevalier Amici, malgré la naissance et toutes les qualités de ce dernier, et la bonne comtesse, accueillant cet aveu tardif avec une rare indulgence, redemanda au chevalier Amici la parole donnée, ne voulant pas contribuer peut-être au malheur futur de sa fille d'adoption, ce qui eût gâté sa tâche... La jeune Napolitaine ne tarda pas d'ailleurs à épouser un charmant et brillant capitaine de hussards qui était parvenu à lui plaire.

Plus tard, c'était la fille de M. Pacini que la comtesse adoptait de même et qu'elle mariait en lui donnant une dot de cent mille francs. Elle avait sauvé du désespoir un jeune peintre plein d'avenir qui, faute d'argent, ne pouvait épouser une femme qu'il aimait ; bien plus, elle avait une fois engagé ses diamants pour venir en aide à la célèbre maison de banque Marietti qui, par suite de circonstances fatales, était sur le point de suspendre ses payements.

La vie de la comtesse Samoyloff est remplie de traits de ce genre, et il eût été difficile d'épuiser la somme de bonté que la Providence lui avait départie. Cette bonté se portait sur tous les êtres qui l'entouraient, même sur les animaux. Elle aimait les petits chiens et en avait de ravissants qui, en grand nombre, peuplaient l'hôtel et venaient de la façon la plus aimable au-devant du visiteur, comme s'ils eussent voulu d'avance faire les honneurs de ce logis hospitalier.

La comtesse Samoyloff, après plusieurs années

passées en France, y avait épousé le comte Charles
de Mornay, notre ministre à Stockholm pendant le
règne de Louis-Philippe. Aujourd'hui elle est rentrée dans son isolement et dans sa liberté.

A la Chaussée-d'Antin, chaque hiver voyait un
grand nombre de bals et de fêtes où les banquiers et les agents de change faisaient assaut de
somptuosité. Toutes ces réunions se ressemblaient : foule dorée, gros jeu, toilettes de femmes
d'une richesse exagérée et souvent d'un goût
douteux, tel était assez généralement la physionomie de ces bals. Mais dans certains salons de cette
société de la Chaussée-d'Antin si brillante de par
les écus et si riche aussi en jeunes et jolies femmes, il y avait une tendance marquée à se rapprocher le plus possible du faubourg Saint-Germain et à s'y glisser dès que la chose serait possible, dès qu'une porte serait entr'ouverte. Pour
arriver à ce but, on attirait chez soi le plus qu'on
pouvait de membres de la société de la rive gauche. C'est ainsi que la fusion s'opérait en partie
dans les beaux salons de madame Boscary de
Villeplaine qui avait marié sa nièce au marquis

de Miramon, mais surtout dans ceux de madame de Béhague qui vivait avec sa mère, madame Baillot. Madame de Béhague était une femme très-jolie, très-élégante, dont le frère, capitaine d'état-major de la garde nationale parisienne, avait été tué de la façon la plus déplorable dans l'émeute des 13 et 14 avril. Madame de Béhague aspirait au faubourg Saint-Germain; elle voulait avoir son prie-dieu à Sainte-Clotilde. Ce désir, elle l'a réalisé en franchissant la Seine et en quittant les parages de la rue de Provence pour ceux moins fréquentés, mais plus historiques de la rue de Poitiers.

L'hôtel du baron de Rothschild est, comme on le sait, un des splendides hôtels de Paris, et ce n'est pas la richesse de ses ameublements que l'on doit y admirer le plus; ce sont les trésors artistiques qu'il renferme. Au fond de la vaste cour qui le sépare du portail donnant sur la rue Laffitte et placées au bas du perron, deux statues tenant des torches dans lesquelles le gaz ingénieusement renfermé brûle d'une façon toute pittoresque, attirent l'attention du passant et éclairent le visiteur. Une galerie règne de ce côté dans presque toute la longueur de la façade. S'il y a grande réception, on entre à droite dans un vestibule qui précède les appartements vastes et bien disposés pour que la circulation ait lieu sans encombrement possible. Ces salons dont l'ameublement remonte à environ une trentaine d'années, à l'époque où il s'opérait une sorte de renaissance dans les arts décoratifs, sans que l'on eût encore atteint, en fait d'imitation des beaux modèles d'autrefois, la perfection à laquelle on est arrivé aujourd'hui, ces salons, dis-je, ne sont ornés qu'avec des objets dont le moule a été brisé ou dont le dessin exclusif n'existe plus, ce qui en double naturellement la valeur.

Lorsqu'il ne s'agit que d'une soirée ordinaire, c'est-à-dire lorsque madame de Rothschild reste chez elle, suivant l'expression consacrée, on prend à gauche dans la galerie et l'on monte un élégant escalier tout garni de fleurs qui conduit à un vestibule orné d'une statue de bronze et de beaux bustes d'empereurs romains en granit rouge. Puis on entre dans les salons particuliers de la maîtresse de la maison et l'on y remarque tout d'abord, au milieu de merveilleuses peintures des écoles anciennes, son portrait peint par M. Ingres. C'est, à mon avis, un des bons portraits de ce grand artiste, sur la manière et les partis pris duquel il y aurait beaucoup à dire sans doute, discussion qui serait ici hors de propos. Mais c'est surtout par le dessin que brille cette peinture, quoique le ton des chairs soit ici meilleur, c'est-à-dire plus naturel que dans plusieurs autres portraits de femme du même maître. Madame de Rothschild est représentée assise, le bras accoudé sur son genou, l'une de ses mains effleurant son menton, l'autre tenant un éventail. Elle est coiffée d'une toque de velours noir sur laquelle deux aigrettes sont attachées ; elle porte une robe de satin cerise avec des bouffants de gaze, et il y a une certaine bizarrerie dans le choix de cette nuance de robe, rapprochée de celle du canapé sur lequel madame de Rothschild est assise. Ce canapé est en effet recouvert de velours grenat. Les accessoires, tels que colliers, bracelets en perles et diamants, sont merveilleusement traités, sans pourtant nuire à l'ensemble.

Ce portrait signé d'un nom si célèbre apparaît, comme je le disais, enchâssé au milieu de magnifiques peintures des anciennes écoles ; et c'est là que, suivant moi, se trouvent les véritables richesses de l'hôtel de M. de Rothschild. Il y a une trentaine de tableaux disséminés dans les salons du rez-de-chaussée et du premier étage. Ce n'est donc pas par la quantité que brille la collection du roi de la finance, mais c'est par la qualité. On va en juger :

M. de Rothschild possède d'abord un Hobbema superbe, dans lequel on voit un chasseur ajustant des canards qui prennent leurs ébats sur un cours d'eau près d'un moulin et de quelques fabriques entourées de grands arbres. Le ciel et les effets de lumière en sont splendides.

Puis une vue de Dordrecht et un paysage représentant deux cavaliers sur les bords de la Meuse par Albert Cuyp. Une marine de Guillaume Van de Velde d'autant plus précieuse qu'elle reproduit une mer agitée tandis qu'il peignait ordinairement des effets de mer calme. Le

« Passage du gué » par Karel Dujardin ; une vue d'Amsterdam par Van der Heyden ; la « Leçon de dessin » par Metsu ; deux Téniers : une tabagie et « la Leçon de musique ; » le portrait de Gérard Dow peint par lui-même ; trois Wouwermans : le « Maréchal ferrant, » un combat de cavalerie et une halte de chasseurs ; le « Porte-drapeau » de Rembrandt ; le « Départ pour la chasse » d'Adrien Van de Velde ; une chute d'eau de Ruysdaël ; un intérieur merveilleux de Pierre de Hoog et un superbe Isaac Ostade.

Tels sont les principaux tableaux des écoles flamande et hollandaise qui décorent les salons de M. de Rothschild.

L'école française y est représentée, indépendamment du portrait d'Ingres que j'ai mentionné plus haut, par l'admirable « Laitière » de Greuze, peinture plus belle encore que « la Cruche cassée » qui est au Louvre, et par deux charmantes têtes du même maître.

L'école espagnole y compte un seul tableau, mais c'est un Velasquez représentant en pied la jeune infante Marguerite Thérèse.

Une « Sainte famille » de Luini forme le contingent de l'école italienne et ce spécimen est suffisant.

Voilà de véritables richesses! voilà de ces valeurs qui augmentent chaque jour à tel point que si le goût des tableaux anciens n'était pas avant tout un goût intelligent, il serait encore une spéculation excellente. Je le disais tout à l'heure : on donnerait tout le riche ameublement de l'hôtel de M. de Rothschild pour cette petite collection de tableaux précieux, et lorsqu'une foule brillante parcourt ces salons dorés, c'est encore les belles peintures qu'elle y admire le plus.

On sait que le comte Jules de Castellane avait fait construire un théâtre dans son hôtel du faubourg Saint-Honoré, cet hôtel qui frappe tout d'abord le passant par les groupes de statues moulées sur l'antique qui en décorent, ou pour mieux dire, en surchargent la façade. Le théâtre d'une dimension très-convenable pour un théâtre de société, était construit dans le jardin de l'hôtel et communiquait par un couloir avec l'un des salons de réception.

C'était une idée assez singulière que d'élever à Paris même, c'est-à-dire au centre de la capitale de l'art dramatique, une scène où les gens du monde, ou des acteurs de fantaisie auraient toujours, non plus comme à la campagne et dans un château, à subir la comparaison immédiate des acteurs de profession et des théâtres sérieux. Celui du comte Jules de Castellane n'a point été cependant absolument inutile à l'art, car ce fut le premier à Paris où l'on entendit de la musique de M. de Flotow, qui y donna un petit opéra intitulé *Alice* dont les paroles avaient été composées par M. Honoré de Sussy. Un autre opéra intitulé *Rob Roy* y fut également représenté.

Dans ce petit théâtre, où rien ne manquait : orchestre, loges, toile, souffleurs, jolis décors, les acteurs se nommaient : la duchesse d'Abrantès, mesdames Colombat, Deforges, Antonina Lambert, MM. Ternaux, de Bordesoulle, Menechet, etc.

On y représentait un peu de tout, opéra, comédies du Théâtre-Français et de l'ancien répertoire, telle par exemple, que *les Jeux de l'amour et du ha-*

sard, pièce dans laquelle la duchesse d'Abrantès jouait le rôle interprété ordinairement par mademoiselle Mars, des vaudevilles, des saynètes, des proverbes. M. Alexandre Dumas fils y donna une petite pièce où figuraient un roi et une reine d'Espagne dans d'assez délicates circonstances. Des fantaisies d'Arsène Houssaye, de Jules Lecomte y furent également jouées devant un public d'élite beaucoup plus indulgent, d'ailleurs, qu'un véritable public payant.

Le comte Jules de Castellane avait épousé une jeune et gracieuse femme, mademoiselle de Villoutreys, qui faisait admirablement les honneurs de chez lui; il avait une certaine excentricité dans les gouts. Ainsi, il avait fait ménager dans sa salle à manger deux ouvertures arrondies en forme d'œil de bœuf et par lesquelles on apercevait ses chevaux mangeant paisiblement au ratelier de son écurie. Ailleurs, et comme surprise, en regardant par une autre ouverture, on jouissait de la vue du château des Aygalades fidèlement reproduite en panorama. Cette belle propriété des Aygalades, peu distante de Marseille, était bien connue du poëte Méry, l'un des hôtes aimés et choyés de l'hôtel Castellane.

Au milieu des joies de cette belle société parisienne d'alors, qui ne se préoccupait guère de l'avenir, et comme un coup de tonnerre dans un ciel serein, les premiers grondements de l'orage de 1848 se firent soudainement entendre. La France s'ennuyait, a dit un grand poëte ; non, la France ne s'ennuyait pas. C'étaient les ambitieux qui s'ennuyaient d'attendre trop longtemps le pouvoir. En résumé la situation au 23 février peut être ainsi définie :

Dans la chambre des députés, une minorité s'agitait et agitait l'opinion pour en venir à cet important résultat d'un changement de ministère. Le discours de la Couronne avait parlé de passions aveugles ou ennemies, et il est quelquefois impolitique de dire toute la vérité. Cependant, il faut l'avouer, aveugle, l'opposition ne voyait pas se soulever derrière elle la tête puissante du parti des réformes radicales et complètes; ennemie, elle servait de bélier aux énergiques assaillants de la monarchie, et, sans le vouloir, elle détruisait aussi sûrement que si elle l'eût voulu.

En face d'elle, un roi dont les facultés peu communes semblaient en ce moment paralysées par une récente douleur de famille, la mort de sa sœur, madame Adélaïde, et dont l'énergie morale pouvait être amoindrie par les années, attendait sans inquiétude sérieuse l'issue de ce qu'il considérait comme un essai d'intimidation parlementaire sans portée et sans autres conséquences possibles qu'un léger conflit entre la population attirée par le banquet et la garde municipale. Lorsque quelques jours après la catastrophe et dans un de ses petits cercles du soir aux Tuileries, Louis-Philippe disait avec vivacité en parlant de l'attitude de l'opposition et des préparatifs de ce banquet : « C'est un feu de paille ! C'est un feu de paille ! » il pouvait et devait le croire. Seulement il y a de ces feux de paille qui, lorsqu'on ne les éteint pas à temps, peuvent parfaitement consumer un trône.

Le dernier grand bal officiel donné à Paris avant la révolution de février fut le bal de M. le prince de Ligne, alors ambassadeur de Belgique. Le prince occupait l'hôtel Flahaut, situé au coin de l'avenue des Champs-Élysées et de la rue d'Angoulême que l'on nomme aujourd'hui rue de Morny. Ce bal a pris des proportions historiques dans le souvenir de toutes les personnes qui y ont assisté. C'était comme l'adieu suprême d'une société prête à s'évanouir, le dernier murmure d'un monde à demi submergé.

Par une circonstance singulière, le fameux banquet avait été disposé à quelques pas de là dans un terrain attenant aux Champs-Élysées, rue du Chemin-de-Versailles, et pour se rendre à l'ambassade de Belgique, les voitures devaient nécessairement passer devant la rue de Chaillot qui y conduisait. Je remarquai sur ce point un silence complet et l'absence de tout mouvement exceptionnel, ce qui m'étonna, car j'ignorais encore que le gouvernement, effrayé des symptômes qui se manifestaient, avait interdit le banquet par ordonnance du préfet de police, et que les affiches apposées fort tard à cet effet étaient en ce moment lues et commentées aux flambeaux par une foule curieuse qu'elles effrayaient bien loin de la rassurer.

Quoiqu'il fût plus de dix heures et demie lorsque j'entrai à l'ambassade de Belgique, le bal n'était pas commencé et les salons présentaient l'aspect le plus singulier : les femmes se voyaient délaissées sur leurs banquettes ou se promenaient solitairement, et, pour ne pas rester dans un complet abandon, se rapprochaient des groupes d'hommes au milieu desquels se faisait la lecture collective du journal du soir. Les premiers mots que l'on échangeait étaient invariablement : « Eh bien, le banquet n'a plus lieu? Savez-vous quelque chose? On dit que des troupes arrivent de tous côtés. » Madame de Girardin racontait entre deux portes que son mari, toujours bien renseigné, concevait les plus grandes inquiétudes; M. de Morny affirmait que certains hôtels avaient été marqués à la croix rouge, et que le sien était du nombre; les diplomates étrangers échangeaient en passant l'un près de l'autre, des paroles brèves et empreintes d'un vif sentiment d'appréhension. La stupeur d'une craintive attente se lisait sur quelques visages officiels ; aucun ministre ne s'était montré et M. le duc de Montpensier, qui, seul des jeunes princes, avait conservé l'habitude de paraître dans quelques salons après son mariage, faisait, ce soir-là, comme les ministres.

L'heure s'avançait ; on essaya de danser. Quelques valseurs se hasardèrent au milieu des groupes où le *Moniteur parisien* était chaudement discuté et commenté ; les quadrilles purent pour quelques instants demeurer maîtres du terrain qu'ils avaient péniblement conquis. Mais les préoccupations politiques l'emportèrent bientôt sur ces velléités de plaisir ; elles triomphèrent définitivement, et à minuit, les salons étaient presque déserts.

On disait en sortant que deux régiments de cavalerie casernés dans la banlieue venaient d'arriver à la barrière de l'Étoile et que des pièces de canon stationnaient déjà sur la place de la Concorde. Cette dernière assertion était fausse, ainsi que je pus m'en convaincre par moi-même ; mais, dans tous les cas, on semblait compter sur un déploiement formidable de troupes qui ne se réalisa pas, et la confiance paraissait grande chez les membres de l'armée. Ainsi, le même soir, exposant à M. de Montebello, alors lieutenant-colonel de cavalerie, mes craintes que la tranquillité publique ne fût gravement troublée le lendemain : — Ne craignez rien, me répondit-il, nous sommes parfaitement en mesure et nous exécuterons, s'il le faut, le grand plan du maréchal Gérard ; mais je ne crois pas que cela soit nécessaire, et l'on n'aura même pas besoin de convoquer la garde nationale.

— Tant mieux, lui dis-je, car dans les circonstances actuelles, peut-être serait-elle bien divisée !

Je sortis inquiet et attristé de l'ambassade de Belgique ; il y avait dans l'air quelque chose d'étrange, et je lisais sur les murs de ces salons qui réunissaient pour la dernière fois la société de 1830, le *Mane, Técel, Pharès* du festin de Balthazar.

LAMARTINE

XII

Les avant-coureurs du 24 février. — La soirée du 22 et la journée du 23. — La crise. — Le cabinet de M. Guizot après la révolution. — Arrivée de M. de Lamartine au ministère des Affaires étrangères. — Son attitude et ses paroles. — M. Bastide. — Le premier salon ouvert après la révolution de Février. — Soirée de M. Émile de Girardin. — Détails. — La société parisienne après la Révolution de 1848. — Le salon de M. de Lamartine aux Affaires étrangères. — Réflexions philosophiques. — Conclusion.

Mes tristes prévisions ne tardèrent pas à se réaliser : le lendemain dès la pointe du jour, une foule tumultueuse se portait vers la place de la Madeleine et cherchait à s'avancer jusqu'à la hauteur de la maison de M. Odilon Barrot, ce quartier-général de l'opposition dynastique choisi par l'émeute pour point de départ d'une révolution républicaine. La foule ardente, surexcitée, composée en grande partie de jeunes gens des écoles, suivie de bandes nombreuses de ces terribles gamins de Paris qui, troupes légères au service des partis, viennent toujours, dans les batailles parisiennes, prêter leur concours au désordre, fut d'abord refoulée dans la rue Royale et sur le boulevard par des charges de la garde municipale. Elle se replia sur les Champs-Élysées où bientôt elle fut grossie par les curieux qui s'étaient portés en grand nombre vers l'enceinte présumée du banquet. Alors commencèrent des escarmouches assez graves entre les gardes municipaux et les émeutiers qui, profitant de tous les accidents de terrain, des fossés, des troncs d'arbres, engagèrent avec leurs adversaires un combat de partisans, tout à la fois triste et curieux à voir, préludant de la sorte aux luttes sérieuses du lendemain.

Cependant les boutiques se fermaient; les groupes devenaient de plus en plus animés; on avait essayé de construire des barricades dans la rue Saint-Honoré, un peu en avant de l'Assomption et on était parvenu à desceller et à renverser une portion de la grille qui entoure cette église. Il devenait évident pour tout le monde que cette triste journée ne serait pas la dernière de l'émeute. On battit le rappel pour réclamer le concours de la garde nationale; il était environ cinq heures du soir.

Officier dans la 1re légion parisienne, je rentrai aussitôt chez moi pour revêtir mon uniforme et me rendre à notre mairie, rue d'Anjou-Saint-Honoré. La cour intérieure de ce quartier-général de la 1re légion offrait un singulier aspect d'animation et de trouble. Un assez grand nombre de gardes nationaux s'étaient rendus à leur poste. Les compagnies se formaient au fond de la cour et les lumières qui allaient et venaient frappaient dans l'ombre les canons de fusils et les baïonnettes dont elles faisaient jaillir des éclairs. Au pied de l'escalier, des groupes d'officiers, au centre desquels se trouvait le lieutenant-colonel de la légion, le brave et digne M. Josselin, si peu préparé aux violents et rapides événements qui allaient se produire, échangeaient les nouvelles ou se communiquaient les derniers ordres reçus. La décision et l'espoir se lisaient alors sur tous les visages ; quoique deshabituée depuis assez longtemps des émeutes, la garde nationale de Paris n'en avait cependant pas perdu entièrement le souvenir et savait comment on les affronte. Mais, pour en triompher, il eût fallu surtout de l'unité, de l'homogénéité, et c'est précisément cet ensemble d'efforts et de vues qui devait faire défaut pendant les journées de février.

Il était sept heures du soir lorsque les bataillons sortirent de la mairie. La nuit était sombre. Nous marchions silencieux et le colonel avait défendu aux tambours de battre. De temps en temps on voyait s'avancer timidement aux fenêtres et aux portes de la rue Saint-Honoré des têtes de femmes qu'attirait le bruit de nos pas cadencés. Nous franchimes les pavés amoncelés sur certains points de la rue, entre autres, en face de l'Assomption, essais imparfaits de barricades commencées dont les vestiges avaient été promptement dispersés par la troupe de ligne quelques heures auparavant, et nous vînmes nous mettre en bataille au centre de la place Vendôme. Mais bientôt, sur un ordre de l'état-major général, nous quittâmes ce poste, après y avoir laissé un nombreux détachement pour aller occuper la place de la Concorde.

Son aspect avait quelque chose de lugubre, et je me rappellerai toute ma vie les sensations que j'éprouvai durant cette froide et sombre soirée : du côté des Tuileries, adossées à la grille du jardin, des pièces de canon tout attelées stationnaient entourées de nombreux artilleurs ; les chevaux frissonnaient de temps en temps et secouaient leurs lourds harnachements, tandis que les soldats, tristes et taciturnes, échangeaient à peine quelques paroles à voix basse. Derrière ces groupes silencieux s'élevaient les masses sombres et encore dépouillées de feuilles des arbres du jardin, et le vent, en se jouant dans leurs branches sèches, produisait les plus sinistres bruissements; à gauche, la façade de la Chambre des députés ressortait faiblement dans la nuit, et, en face de moi, la longue avenue des

Champs-Élysées s'étendait muette et solitaire.

Placé dans l'ombre de l'obélisque qui avait vu passer à ses pieds tant d'hommes et de générations, je contemplais silencieusement cet ensemble d'un aspect si frappant, quand tout à coup une grande flamme et une grande clameur s'élevèrent à la fois du milieu des Champ-Élysées ; cette flamme, claire, pétillante, domina bientôt la cime des arbres, tout en éclairant fantastiquement les objets qui m'environnaient et une immense farandole, véritable danse de démons, se forma dans le cercle de son rayonnement. C'étaient les bancs et les chaises des Champs-Élysées que les émeutiers avaient amoncelés et dont ils faisaient un *auto-da-fé*.

Une compagnie de garde nationale et des détachements de pompiers, envoyés en toute hâte, eurent promptement raison de cette audacieuse tentative, mais rien de plus saisissant que cette illumination de l'émeute, que ce feu de joie révolutionnaire.

Sa clarté soudaine était allée frapper les vitres du palais des Tuileries, et y porter comme un avertissement sinistre. Lorsque tout fut rentré dans l'ombre, je jetai un regard de ce côté ; une seule lumière brillait dans la partie du château qui touche au pavillon de Flore et on pouvait aisément l'apercevoir par-dessus les arbres de la terrasse du bord de l'eau, en remontant la place du côté du pont de la Concorde. Cette lumière solitaire éclairait le cabinet du roi Louis-Philippe.

Singulière destinée que celle de ce prince : acteur adolescent dans les grandes et terribles scènes de 1791, victime sacrifiée dans la parodie de 1848 ; soldat de la République vaincu par la République, et parvenu au néant de toutes ses espérances après la vie la plus agitée, les loisirs le plus activement remplis ; après les pénibles épreuves d'une puissance contestée, d'une vie dix fois menacée, d'une paternité cruellement détruite !

Je me le représentais successivement, enfant, sous les ombrages du Raincy, étudiant à la Jean-Jacques entre sa sœur et madame de Genlis; plus tard, s'essayant à parler, dans les clubs,

Champs-Élysées s'étendait muette et solitaire.

Placé dans l'ombre de l'obélisque qui avait vu passer à ses pieds tant d'hommes et de générations, je contemplais silencieusement cet ensemble d'un aspect si frappant, quand tout à coup une grande flamme et une grande clameur s'élevèrent à la fois du milieu des Champ-Élysées ; cette flamme, claire, pétillante, domina bientôt la cime des arbres, tout en éclairant fantastiquement les objets qui m'environnaient et une immense farandole, véritable danse de démons, se forma dans le cercle de son rayonnement. C'étaient les bancs et les chaises des Champs-Élysées que les émeutiers avaient amoncelés et dont ils faisaient un *auto-da-fé*.

Une compagnie de garde nationale et des détachements de pompiers, envoyés en toute hâte, eurent promptement raison de cette audacieuse tentative, mais rien de plus saisissant que cette illumination de l'émeute, que ce feu de joie révolutionnaire.

Sa clarté soudaine était allée frapper les vitres du palais des Tuileries, et y porter comme un avertissement sinistre. Lorsque tout fut rentré dans l'ombre, je jetai un regard de ce côté ; une seule lumière brillait dans la partie du château qui touche au pavillon de Flore et on pouvait aisément l'apercevoir par-dessus les arbres de la terrasse du bord de l'eau, en remontant la place du côté du pont de la Concorde. Cette lumière solitaire éclairait le cabinet du roi Louis-Philippe.

Singulière destinée que celle de ce prince : acteur adolescent dans les grandes et terribles scènes de 1791, victime sacrifiée dans la parodie de 1848; soldat de la République vaincu par la République, et parvenu au néant de toutes ses espérances après la vie la plus agitée, les loisirs le plus activement remplis ; après les pénibles épreuves d'une puissance contestée, d'une vie dix fois menacée, d'une paternité cruellement détruite!

Je me le représentais successivement, enfant, sous les ombrages du Raincy, étudiant à la Jean-Jacques entre sa sœur et madame de Genlis; plus tard, s'essayant à parler, dans les clubs, le langage des révolutions ; plus tard encore, au milieu de la fumée de Valmy avec l'auréole d'une glorieuse jeunesse ; puis, exilé, fuyant un sol ensanglanté, supportant noblement de longues infortunes ; professeur à Reichenau ; modeste voyageur en Suède et en Norvége où peu d'années auparavant on me parlait encore de son passage ; prince à Palerme et y trouvant une douce et sainte compagne ; combattant en Espagne et dans le midi les armes déjà défaillantes du grand homme dont, par une singulière destinée, il devait amener les cendres au bord de la Seine, reprenant enfin en 1815 son rang et sa place auprès d'un trône sur lequel, ne fût-ce que pour sa félicité personnelle, il eût mieux fait peut-être de ne jamais s'asseoir.

Amères vicissitudes, existence étrangement remplie et toute semblable à ces rêves pénibles durant lesquels nous voulons à tout prix atteindre un but fantastique et suprême qui, lassant notre force intellectuelle, se dérobe constamment à nos efforts, puis s'évanouit tout à coup devant nos yeux !

Cette nuit fut triste; mais le jour qui la suivit fut plus triste encore. Il devait éclairer la chute morale d'un gouvernement dont les heures d'existence matérielle étaient déjà comptées. Une partie de la première légion stationnant comme la veille, dans la rue de Rivoli et sur la place de la Concorde, fut chargée de garder les approches de la Chambre des députés et une ligne de sentinelles fut disposée de façon à intercepter le passage à toute personne qui n'appartiendrait pas à la représentation nationale. Des officiers (et j'étais de ce nombre) eurent pour mission de reconnaitre les députés qui se présentaient et de contrôler leur identité. L'expression diverse des visages eût offert à l'observateur un vaste et curieux champ d'études. Les députés conservateurs jetaient un regard confiant sur la garde nationale et les troupes assez nombreuses qui garnissaient la place. Les membres de l'opposition paraissaient, suivant leur nuance, ou très-abattus ou très-animés. « C'est indigne! s'écriait M. Vavin, qu'un garde national ne reconnaissait pas assez vite à son gré, c'est indigne ! mais puisque nous sommes en pleine illégalité, allez jusqu'au bout : arrêtez-moi ! » Personne ne voulait cependant lui accorder cette couronne du martyre. « Prenez garde, messieurs, me disait en ce moment M. Gouin, mon collègue au conseil général de notre département, prenez garde à la guerre civile; les légions de Paris sont très-divisées d'opinion et l'on vient de me dire que, sur la place des Petits-Pères, des gardes nationaux ont croisé la baïonnette contre les cuirassiers qui voulaient disperser un rassemblement. Dieu veuille que vous ne finissiez pas par vous tirer entre vous des coups de fusil ! »

Et pendant ce temps une députation de gardes nationaux sans armes appartenant à la 12e légion défilait silencieusement sur le quai d'Orsay, portant à la Chambre des députés une pétition en faveur de la réforme.

Vers trois heures et demie environ, on vit accourir du pont de la Concorde un homme qui se dirigeait vers la rue de Rivoli et jetait en passant quelques paroles animées aux gardes nationaux placés à portée de l'entendre. Cet homme était M. Degouves-Denuncques, journaliste et rédacteur du *National*. Il annonçait d'une façon certaine la chute du ministère Guizot. « J'ai laissé, disait-il, M. Guizot à la tribune; il vient de déclarer à la Chambre que le roi a envoyé chercher M. Molé. » Mais cette brusque nouvelle trouvait un grand nombre d'incrédules. Plusieurs députés du centre, entre autres M. Casimir Périer représentant du 1er arrondissement, vinrent bientôt corroborer les paroles de M. Degouves-Denuncques et alors se passa une scène singulière :

En recevant la nouvelle de la chute du ministère Guizot, nouvelle assez étrange, il est vrai, dans les circonstances au milieu desquelles on se trouvait engagé, le premier mouvement des gardes nationaux de notre légion avait, ainsi que je viens de le dire, été l'incrédulité ; le second fut la colère. « Comment, s'écriaient-ils, on renverse le ministère maintenant que la partie est engagée et devant les démonstrations de l'émeute ! Il fallait le faire il y a huit jours si l'on voulait entrer dans la voie des transactions politiques, et mieux vaudrait encore ne le faire que dans quelques semaines, lorsqu'on se sera rendu maître de la situation ; c'est de la faiblesse; c'est de la couardise! »

Ces plaintes énergiques, proférées par un grand nombre de gardes nationaux, ne tardèrent pas à prendre un caractère encore plus décidé. Quelques voix firent entendre le cri : « Aux Tuileries! aux Tuileries! » Et ce cri n'était que la traduction du désir hautement exprimé par plusieurs *conservateurs* de la légion de placer dans ses rangs les députés appartenant à la majorité qui nous racontaient en ce moment la séance de la Chambre, pour se rendre avec eux dans la cour des Tuileries et demander le maintien du ministère. L'abattement général et cette indifférence qui forme presque toujours le fond de l'opinion politique des masses lorsque leur intérêt direct et matériel ne semble pas encore complétement engagé dans une question, paralysèrent, mais sans efforts extérieurs, ces velléités énergiques; on peut se demander toutefois quelle eût été la consé... d'une semblable démonstration, opérée par une des légions les plus influentes de Paris, au moment même où d'autres détachements de la garde citoyenne exprimaient hautement leurs sympathies pour la réforme. Cette démarche n'eût-elle pas rendu au roi toute sa vigueur morale dans cette crise décisive? Il était temps de prendre des mesures énergiques, et, quelques heures plus tard, la fa... charge de l'hôtel des Affaires étrangères, prov...née, comme on le sait, par un coup de pistolet républicain, allait, habilement exploitée, soulever les faubourgs et précipiter les masses vers les Tuileries abandonnées.

Mais comment les Tuileries furent-elles abandonnées? C'est ce que j'ai dit ailleurs [1] en entrant dans tous les détails saisissants de cet épisode historique sur lequel il est inutile de revenir ici.

Je passe au lendemain de cette déplorable crise.

[1] *Histoire de mon temps*, première série, t. IV.

Dans la matinée du 25 février, la plus grande confusion régnait dans toutes les mairies. Celle du 1er arrondissement n'était point, sous ce rapport, plus épargnée que les autres, et des bruits alarmants apportés du dehors venaient de moment en moment provoquer des ordres de service pour la garde nationale dont les compagnies, déjà triplées par les volontaires, encombraient la cour et se répandaient dans la rue d'Anjou.

On racontait (et la suite prouva qu'il n'y avait rien d'exagéré dans ces récits) que des bandes de pillards et d'incendiaires se portaient sur plusieurs points de Paris et de la banlieue et se livraient à des actes d'un vandalisme inouï. On parlait de la dévastation complète des Tuileries et du Palais-Royal, on craignait pour le Musée d'artillerie, les bibliothèques, mais surtout pour l'hôtel et les archives des Affaires étrangères; car la foule exaspérée menaçait à chaque instant de se ruer sur l'ancienne demeure de M. Guizot.

Je venais exprimer hautement le vœu qu'un

fort détachement de la légion fût envoyé en toute hâte pour occuper l'hôtel et défendre au besoin l'une des plus curieuses collections diplomatiques de l'Europe, lorsque M. Durand Saint-Amand, alors délégué par le gouvernement provisoire pour administrer le 1er arrondissement de Paris, mort préfet de l'Hérault sous le second Empire, me remit un ordre écrit et motivé, suivant lequel je devais me rendre sur-le-champ à la tête d'un détachement nombreux aux Affaires étrangères pour y renforcer le poste et occuper l'hôtel des archives dépendant de ce ministère, dont le commandement intérieur « était confié à mon zèle et à mon patriotisme. » Cet ordre était rédigé dans les termes suivants qui portaient le cachet de 1792 : « Au nom du salut public, nous, maire du 1er arrondissement, mandons et ordonnons au citoyen Beaumont-Vassy, de se transporter sur-le-champ au ministère des Affaires étrangères à la tête d'un détachement de la 1re légion; d'occuper l'hôtel, de préserver par tous les moyens en son pouvoir les archives et toutes les dépendances de cette propriété nationale, dont la garde lui est confiée; requérons tous les bons citoyens de lui prêter main-forte, etc., etc. »

Muni de cette pièce, je partis aussitôt à la tête d'un assez nombreux détachement. Un élève de l'École polytechnique qui était venu offrir ses services se joignit à nous et nous prîmes rapidement le chemin du boulevard des Capucines, encore tout hérissé de barricades qui venaient jusqu'à la Madeleine. Sur la porte de l'hôtel des Affaires étrangères était écrit en grosses lettres à la craie blanche : « Ambulance, respect aux blessés; » deux factionnaires en blouse en gardaient l'approche et dans l'intérieur de la cour on apercevait quelques schakos de la milice citoyenne au milieu d'une foule de casquettes révolutionnaires. Je me hâte d'ajouter que ces auxiliaires nouveaux étaient aussi, pour la majeure partie, des défenseurs de l'ordre et que pendant les journées difficiles que nous eûmes à passer alors la confiance que j'avais mise en eux était une confiance bien placée.

Après avoir renforcé ce poste, je me dirigeai vers le petit hôtel qui formait alors dans la rue

Neuve-des-Capucines la succursale de celui des Affaires étrangères, et renfermait les archives diplomatiques de l'État. L'honorable conservateur de ces archives, M. Mignet, était en ce moment absent de son appartement où je me vis obligé de laisser des gardes nationaux chargés de lui expliquer à son retour la cause de cette invasion soudaine. Je retournai aux Affaires étrangères. On se ferait difficilement une juste idée du désordre qui régnait à l'intérieur de l'hôtel : le rez-de-chaussée où se tenaient habituellement les huissiers, était entièrement envahi par les auxiliaires en blouse que j'ai déjà mentionnés. C'est là qu'une espèce d'ambulance avait été établie dans la soirée du 24 février. Des tables couvertes de verres et de bouteilles vides, de pains de munition, d'assiettes mutilées, de matelas jetés çà et là sur le plancher, des fusils en faisceaux dans les embrasures des fenêtres, une odeur de tabac et de vin indiquaient suffisamment la destination attribuée depuis à cette pièce devenue un corps de garde ainsi que la salle correspondante du premier étage, où s'était pareillement installé un poste d'ouvriers auxquels je persuadai difficilement le lendemain que les abords du cabinet du ministre devaient demeurer libres et respectés.

On savait que dans le nouveau gouvernement provisoire, M. de Lamartine avait été chargé du portefeuille des Affaires étrangères, et j'attendais à chaque instant sa venue. Dans la soirée du 25 février, nous vîmes arriver deux personnages portant à la boutonnière des touffes de laine rouge (le rouge était en ce moment la couleur officielle, et on sait que les couleurs officielles changèrent trois fois). L'un, grand, boutonné jusqu'au menton, à la façon d'un officier retraité, épaisses moustaches grises, tête oblongue, figure loyale, avec de la défiance et de l'embarras dans l'expression; c'était M. Bastide. L'autre, serré dans un habit noir, cheveux longs et tombant sur le collet, chapeau à forme conique un peu dans le genre Caussidière; c'était M. Hetzel, ancien éditeur et rédacteur sous le pseudonyme de Staal, de plusieurs articles spirituels appartenant à des publications illustrées.

Le premier de ces deux messieurs allait occuper le poste de sous-secrétaire d'État ou secrétaire général; le second devait remplir l'emploi de chef du cabinet.

A partir de ce moment, l'hôtel des Affaires étrangères fut envahi par une foule de conspirateurs de la veille et de vainqueurs du lendemain; par une nuée de solliciteurs et d'ambitieux de toutes les tailles, depuis le ministre plénipotentiaire jusqu'au courrier de cabinet. L'empressement était si grand, que pour éviter un encombrement véritable de la pièce qui précède le cabinet du ministre, les huissiers, qui tous avaient supprimé l'habit noir officiel pour endosser l'uniforme de la garde nationale, n'y pouvaient suffire et que je fus quelquefois obligé d'interposer au milieu de quelque conflit mon autorité de rencontre. Rien d'aussi curieux que l'aspect du salon d'attente en ces jours révolutionnaires, si ce n'est, peut-être, celui du cabinet lui-même. M. d'Alton-Shée était venu, dès les premières heures, s'installer dans le sanctuaire où MM. Bastide, Hetzel, Bixio, Sain de Bois-le-

Comte, Levasseur et quelques intimes taillaient des plumes en attendant l'arrivée de M. de Lamartine et signaient des passe-ports qu'on venait à chaque instant demander pour des étrangers ou soi-disant tels, qui voulaient quitter Paris au plus tôt, sans se douter que les révolutions voyageant plus vite qu'eux les attendaient sur presque tous les rivages.

M. de Lamartine ne vint que dans la soirée du 26 prendre possession du ministère. Il était pâle, fatigué ; sa figure me parut amaigrie et sa longue taille se dessinait plus anguleuse qu'à l'ordinaire dans un paletot d'un aspect très-démocratique. Il était accompagné d'un jeune homme qui remplissait auprès de lui les fonctions de secrétaire.

Ses premières paroles en entrant dans le cabinet où je l'accompagnai furent celles-ci, qu'il adressa à M. Bastide : « Allons ! grâce à nos efforts, je considère dès à présent la république comme fondée en France. — Alors, permettez que je vous embrasse, répliqua M. Bastide avec un enthousiasme contenu, et il lui donna l'accolade. — Qui m'eût dit avant hier, ajouta M. de Lamartine, que je viendrais m'asseoir aujourd'hui sur le fauteuil de M. Guizot ? Destinée humaine ! » Puis parcourant quelques papiers épars sur le bureau, et descendant des hauteurs de sa pensée méditative : « Il me faut donc, dit-il, reprendre mon ancien métier ; car on s'imagine, messieurs, que toute ma vie je ne me suis occupé qu'à écrire des vers ; mais, mon Dieu ! la poésie n'a jamais été pour moi qu'une distraction tout à fait passagère. J'ai eu le malheur d'écrire quelques strophes ; mais je n'ai jamais attaché à cela aucune importance véritable, et mon esprit est demeuré toujours acquis aux grandes, aux sérieuses choses de la politique. »

Et en entendant parler ainsi l'illustre poëte, je ne pouvais m'empêcher de songer à ce fait étrange qui m'avait été raconté un jour au sujet du peintre Girodet, lequel s'était imaginé, au milieu de sa remarquable carrière, que son talent pour la peinture n'était rien en comparaison d'une certaine prétention à bien jouer de la flûte, rêve et illusion des dernières années de sa vie.

Quelques instants plus tard, M. de Lamartine faisait ouvrir les tiroirs du bureau et retirer les objets précieux qu'ils renfermaient, pour les renvoyer à M. Guizot. Il y avait de l'argent, de magnifiques médailles en or, une surtout que je remarquai et qui me parut avoir été frappée à l'occasion du mariage de M. le duc d'Orléans ; des cachets, des insignes d'ordres, etc. Rien de plus triste que cet inventaire des objets appartenant à l'homme d'État qu'une si brusque catastrophe venait de mettre en fuite, si ce n'est, peut-être, la vue des vêtements qu'il avait portés avant de se rendre pour la dernière fois aux Tuileries, et qui étaient encore étendus sur des meubles de l'appartement.

Il est très-probable que dans d'autres ministères, celui de l'intérieur, par exemple, le trouble de ces premières journées qui suivirent le 24 février se fit sentir beaucoup plus qu'aux Affaires étrangères ; toutefois l'aspect de ce ministère offrit, pendant toute une semaine, les contrastes les plus bizarres, les plus singuliers tableaux. Quelquefois, pendant que MM. Bastide,

Hetzel, Bois-le-Comte, faisaient de la politique officielle d'après les indications laissées par M. de Lamartine, tout absorbé dans les travaux du gouvernement provisoire à l'Hôtel-de-Ville, d'autres personnages qui, en grand nombre, attendaient une audience dans la pièce précédant le cabinet du ministre, produisaient librement et à haute voix une politique officieuse qui avait bien aussi son mérite. Peut-être même était-ce la plus réelle des deux. Je me rappelle parfaitement avoir entendu un conspirateur de la veille dire tout haut et sans se gêner dans le salon d'attente où quelques-uns de ses amis l'entouraient :

— Je pars demain pour Turin ; je vais signifier à Charles-Albert qu'il ait à déclarer immédiatement la guerre à l'Autriche, s'il tient à conserver sa couronne. Vous ne tarderez pas à en recevoir la nouvelle ; et ce n'est pas de là, ajoutait-il en montrant la porte du cabinet du ministre, et ce n'est pas de là que le coup partira.

Huit jours après les journaux annonçaient en effet que Charles-Albert avait déclaré la guerre à l'Autriche, et que l'armée piémontaise s'ébranlait dans la direction de la Lombardie.

Vint le manifeste de M. de Lamartine, pièce improvisée avec cette merveilleuse facilité et cette grandeur de style qui sont le propre de l'auteur des *Girondins*. Elle produisit dans le monde diplomatique et dans les diverses cours de l'Europe un effet d'autant plus heureux qu'elle renfermait un exposé des principes internationaux parfaitement rassurant dans la situation si critique où la proclamation de la république en France venait de placer tous les cabinets européens; seulement, ce manifeste manquait de netteté; il était difficile de voir, en le lisant, où la révolution commençait et jusqu'où elle allait. On a dit de cette pièce qu'elle reproduisait, sous une forme différente, toutes les idées de M. Guizot, et que celui-ci eût pu l'écrire tout aussi bien que le premier ministre des Affaires étrangères de la République française. Il y a du vrai dans ce reproche, et cela tient surtout à une cause bien simple : c'est qu'en fait de politique extérieure, lorsqu'on veut produire quelque chose de sérieux et de régulier, on se trouve inévitablement engagé, relativement à certaines questions, dans les mêmes voies que ses prédécesseurs.

J'ai dit quel avait été le dernier bal donné sous le règne de Louis-Philippe. Le premier salon ouvert sous la seconde république fut celui de M. Émile de Girardin. Le directeur de la *Presse* avait publié un article intitulé : *Confiance! confiance !* il voulut que ses actes fussent en rapport avec ses paroles, et huit jours ne s'étaient pas écoulés depuis la crise violente par laquelle Paris venait de passer, qu'il ouvrait les portes du joli hôtel dont tout le monde connaissait la façade ornée de colonnes grecques, et qu'il possédait au coin de la rue de Chaillot, dans l'avenue des Champs-Élysées. Cet hôtel, vendu depuis lors, a été remplacé par des constructions nouvelles et n'est plus lui-même qu'un souvenir, mais un souvenir difficile à effacer dans l'esprit de ceux qui ont été à même d'apprécier avec quelle bonne grâce madame Delphine de Girardin savait en faire les honneurs. Un détail assez curieux de cette réception qui fut nombreuse, c'est que, en l'absence forcée des gardes municipaux et des sergents de ville qui, d'ordinaire, faisaient la police et, pour éviter tout désordre, réglaient la marche des voitures à la file, ce service était fait et très-bien fait par les ouvriers du journal *la Presse*, en blouse, et le fusil de munition sur l'épaule.

Je disais en commençant ce livre, à propos des journées de Juillet 1830, qu'à la suite des crises révolutionnaires, la société parisienne se reforme plus ou moins vite sur quelques points de la grande ville, et s'efforce de revenir à ses habitudes passées, d'abord avec une hésitation et un trouble évidents, puis bientôt avec une certaine confiance que les événements seuls peuvent consolider, comme ils peuvent aussi la compromettre et la détruire. Certes, la terrible et soudaine commotion de 1848 était bien faite pour ébranler jusque dans ses fondements cette frêle mais vivace société parisienne, qui avait semblé devoir se disperser au premier souffle de la tourmente, et cependant elle recommençait à manifester son existence ; elle était là, chez M. de

Girardin, mais tout émue et toute pâle encore des dangers qu'elle avait courus.

Rachel devait dire des vers. Elle les dit admirablement, comme à son ordinaire, et fut fort applaudie. Je me rappelle, comme détails de cette soirée, que M. Dupin y paraissait assez embarrassé de sa contenance et ressemblait à un homme qui, tombé dans la rivière, cherche instinctivement à droite et à gauche la branche qu'il pourra saisir pour remonter en terre ferme; que la marquise du Hallay s'y montra avec une coiffure aux couleurs nationales telles qu'elles avaient été disposées jadis par le peintre David et, comme on s'étonnait autour d'elle de ces nuances de rubans au moins très-voyantes, qu'elle répondit : « Je ne puis pas oublier en ce moment que je suis la fille de madame Tallien. » Enfin que la duchesse de Maillé, mère du duc actuel, voulait malicieusement et absolument qu'on l'annonçât: « La citoyenne Maillé ! »

Cependant, l'époque des élections approchait, malgré les efforts du parti qui demandait leur ajournement et préparait la manifestation du

16 avril. J'allai voter dans mon département et je revins presque immédiatement à Paris. L'hôtel des Affaires étrangères était alors complétement réorganisé à l'intérieur, et il était devenu assez difficile de pénétrer jusqu'à M. de Lamartine. De sept à huit heures du soir, ses anciens amis et les personnes auxquelles il assignait des rendez-vous se présentaient à l'huissier qui, avant de les introduire, allait transmettre leurs noms au ministre et prendre ses ordres : formalité qui, par parenthèse, avait mécontenté à un haut degré quelques-uns des intimes du grand poëte. Je donnai mon nom et je fus introduit. M. de Lamartine recevait dans les appartements du rez-de-chaussée qui longeaient le jardin du côté gauche et formaient une partie de la façade regardant le boulevard. Il était tout habillé pour se rendre à l'Opéra, où j'appris, le lendemain, qu'il avait été accueilli avec un grand enthousiasme. Cependant il demeura encore près d'une heure et causa assez longuement avec moi.

La conversation roula d'abord sur les élections et leurs résultats probables.

— Tous mes efforts, me dit M. de Lamartine, ont eu pour but de réunir le plus promptement possible une assemblée nationale à Paris. Du reste, ajouta-t-il, la France, qui jusqu'ici n'avait montré que du courage militaire, vient de déployer un grand courage civil.

Puis il aborda des questions de politique étrangère, particulièrement celle des différends survenus entre l'Allemagne et le Danemark, relativement aux duchés de Schlesvig et de Holstein, et parut se préoccuper beaucoup des divers intérêts scandinaves. M. de Lamartine avait bien voulu songer à moi pour un poste diplomatique dans le nord, et me demandait quelques détails sur des hommes et des choses que j'avais, en effet, longuement étudiés. Plus tard, j'eus la satisfaction de voir que mes appréciations n'étaient pas tout à fait dépourvues de justesse.

Le salon du ministère des Affaires étrangères ou, pour mieux dire, le salon de M. de Lamartine, car sa personnalité absorbait complètement alors tout ce qui l'entourait, présentait un caractère très-particulier et digne d'être signalé dans ce rapide tableau des mœurs de cette singulière époque.

Appelé par dix départements à l'honneur de les représenter, M. de Lamartine paraissait alors devoir dominer toute la situation et pouvoir légitimement prétendre à la présidence de la République. Les étrangers, aussi bien que les nationaux eux-mêmes, en avaient alors la conviction et le salon des Affaires étrangères se ressentait de cette persuasion générale. Des bustes et des portraits litographiés du grand poëte se voyaient sur tous les meubles, et le modèle en terre d'une statue de la jeune République française tenant un drapeau à la main ornait la cheminée : c'était un hommage de l'artiste au personnage qui, dans la pensée de tous, devait prochainement personnifier la France républicaine. Tout, dans ce salon, annonçait la présence d'un pouvoir que l'on supposait fort et définitif. Comment ne pas le croire alors? triste et nouvelle preuve des vicissitudes de la popularité!

J'y vis le général Changarnier que M. de Lamartine voulait d'abord envoyer à Berlin comme ministre plénipotentiaire, mais dont le séjour à Paris avait ensuite paru plus utile. On sait que, dans la matinée du 16 avril, le général récemment rappelé d'Afrique, était allé au ministère des Affaires étrangères pour prendre les dernières instructions de M. de Lamartine, et qu'il avait appris en y arrivant le départ du ministre pour l'Hôtel-de-Ville menacé, disait-on, par une manifestation nombreuse organisée au Champ-de-Mars. M. Changarnier voulait se rendre aussitôt à l'Hôtel-de-Ville et offrir son concours à M. de Lamartine; mais il était difficile, peut-être même impossible de parvenir jusqu'à lui sans être muni d'une de ces cartes du gouvernement provisoire qui permettaient de pénétrer partout et de franchir tous les obstacles. L'embarras était grand : il se trouva toutefois que madame de Lamartine possédait une de ces cartes comme présidente d'une association de charité. On alla la lui demander, et elle s'empressa de la remettre elle-même au général Changarnier qui courut à l'Hôtel-de-Ville, donna officieusement de précieux avis stratégiques pour l'emploi des forces de la garde nationale, et sut apporter ainsi un utile concours aux hommes qui défendaient la prérogative électorale et voulaient en appeler au pays.

En dehors de toute appréciation politique, on doit dire que M. de Lamartine était, au point de vue de la représentation et de la dignité personnelle, un remarquable ministre des Affaires étrangères. Comme il avait soin de le dire lui-même, la diplomatie avait été son premier métier, et j'ai souvent entendu les ministres étrangers vanter l'agrément de ses relations d'affaires. Son successeur, M. Bastide, était bien loin de posséder ces indispensables traditions de salon et de chancellerie qui ont, quoi qu'on puisse dire, une incontestable importance. Bonne, mais timide et défiante nature, M. Bastide portait dans ses réceptions un air d'embarras qui produisait une sensation désagréable et pénible. Quelquefois il se laissait entraîner, dans ses conversations avec les diplomates étrangers, à une franchise de langage et à un laisser aller parfaitement républicain, sans doute, mais dont ceux-ci ne manquaient pas de profiter. Il est difficile, il est impossible même d'entretenir de bonnes et sérieuses relations étrangères, sous quelque régime que ce soit, si l'on n'a pas acquis à l'avance une certaine habitude des mœurs diplomatiques. La nature et l'instinct pourraient quelquefois y suppléer, mais ce genre d'intuition est assez rare.

Pour en revenir au salon de M. de Lamartine, c'était bien, vers la fin d'avril 1848, le salon d'un président de la République française, et il ne fût alors venu à l'esprit de personne de supposer que cette étoile si brillante et si haut placée dût, dans un temps prochain, pâlir et décliner à l'horizon de la popularité. M. Molé racontait à cette époque que, longtemps avant la révolution de Février, M. de Lamartine avait le pressentiment de sa mission future, de la fortune extraordinaire à laquelle la Providence le destinait. Ainsi, par exemple, lors du mariage de M. le duc d'Orléans et des fêtes qui l'accompagnèrent, on pressait M. de Lamartine de se rendre à Versailles, où l'appelait une invitation royale, et il refusait en disant : « Non, je ne puis me compromettre avec les hommes de cette génération politique : j'appartiens évidemment à d'autres temps, à une France nouvelle que vos yeux n'entrevoient pas encore, mais que les miens ont déjà vue. Je veux me réserver tout entier pour elle! » — « En l'entendant parler ainsi, ajoutait M. Molé, je croyais à une hallucination de cet esprit supérieur; et pourtant il avait raison. »

Hélas! la France de 1848 a donné un rude démenti à ces espérances du poëte qui ont été si près de devenir des réalités. Quelle mystérieuse énigme est-ce donc que la popularité, appât, trompeur après lequel tant de grands esprits ont voulu courir comme les voyageurs poursuivent ces feux blafards qui voltigent au-dessus des marais et ne guident que vers l'abîme?

J'ai rempli la tâche que je m'étais imposée : celle de reconstruire par le souvenir et la pensée une époque déjà lointaine. Si ce livre a un mérite, c'est celui de l'exactitude réaliste des tableaux. Parvenu au sommet de cette montagne de la vie dont les sentiers sont si rarement tapissés de fleurs, je me suis retourné avant de redescendre et j'ai jeté un regard sur l'horizon du passé. Il y a une certaine jouissance mélancolique dans l'étude des choses que nous avons vues et qui ne sont plus ; mon unique but était de faire partager cette sorte de jouissance au lecteur.

FIN

TABLE DES MATIÈRES

I

État de la société parisienne après la Révolution de 1830. — Conséquences premières de la dispersion de la cour de Charles X. — Hiver de 1831. — Le salon de la Fayette. — Types et portraits. — La famille du général. — Ses amis et clients. — Visiteurs étrangers. — Le général Pépé et ses déceptions. — Dom Pedro et dona Maria. — Démission du général la Fayette et solitude de son salon. — Le Palais-Royal. — Fête donnée au roi de Naples, au mois de juin 1830. — Ma visite à M. de Salvandy en 1846. — Curieuse conversation avec lui à propos de cette fête. 1

II

Les réunions bourgeoises de 1831. — Lettre d'un ami à son ami. — Une soirée rue de Provence. — Les conversations de l'époque. — Figures originales. — Jeunes filles et femmes mariées — Célibataires et maris. — Exposition de 1831. — Les tableaux de circonstances. — Les portraits. — Grande mêlée des célébrités du temps. — Réunion de chefs-d'œuvre. —

Paul Delaroche. — Léopold Robert. — Horace Vernet. — Ary Scheffer. — Le Gudin de ce temps-là. — Camille Roqueplan. — Les sculpteurs. — Foyatier. — Dantan. — Antonin Moyne. — Visites du roi Louis-Philippe à l'Exposition. 35

III

Le parti légitimiste et les châteaux. — Mazarinades du temps. — Pèlerinage des fidèles en Écosse. — La cour d'Holy-Rood. — Existence de la famille exilée. — Correspondances et offres singulières. — Intrigues. — Opinions personnelles de Charles X et de la Dauphine. — La duchesse de Berry. — Son courage aventureux. — Mission de M. de Blacas. — La duchesse à Bath et à Londres. 59

IV

L'Abbaye-aux-Bois. — Sa fondation. — Ses vicissitudes. — L'abbé Maury. — Un bon mot de madame de Brancas, duchesse de Céreste. — Madame Récamier. — Son salon. — MM. de Chateaubriand, de Lamartine, Balzac, Villemain, Ampère, Ballanche, Briffault, Lebrun, de Kératry. — Groupe d'écrivains, d'hommes politiques et de journalistes du temps. . . . 81

V

L'Opéra, terrain neutre pour tous les partis. — Sa prospérité de 1832 à 1836. — Opinion de Saint-Évremond sur l'Opéra. — Le passé de l'Opéra en France. — Son histoire. — L'Opéra sous Louis XIV, sous Louis XV, sous la République, l'Empire et la Restauration. — Grands artistes de toutes les époques. — L'Académie royale de musique sous Louis-Philippe. — Mot du duc de Choiseul. — Le Théâtre-Français. — Les petits théâtres. — Leur vogue. — La jeunesse élégante. — Anecdotes sur le duc d'Orléans et le prince de Joinville. 97

VI

La princesse Belgiojoso. — Son étrange beauté. — Son salon. — Singularités d'ameublement. — Son entourage littéraire et artistique. — Le prince Belgiojoso. — Les sœurs de la princesse. — Sa fille d'adoption. — M. Mignet. — Alfred de Musset. — Son portrait. — Sa liaison avec le prince. — Ses habitudes, ses goûts; son frère Paul. — Concerts et petits bals. — La valse à deux temps et les valseuses. — Départ de la princesse. — Ses actes pendant les événements d'Italie de 1848 et 1849. — Son voyage en Orient. — Réceptions diplomatiques sous Louis-Philippe. — Le duc de Serra Capriola, ambassadeur de Naples. — Lord et lady Grandville. — Les raouts de l'ambassade d'Angleterre. — Anniversaire de la naissance de la reine Victoria. — Le comte et la comtesse Appony. — Fêtes à l'ambassade d'Autriche. — Les déjeuners dansants. — Leur élégance. — Individualités du grand monde. 121

VII

Le carnaval parisien sous Louis-Philippe. — Les boulevards pendant les jours gras. — Les promeneurs en voiture et les promeneurs à pied. — Les élégants travestis. — La pluie de bonbons. — Les fanfares du café de Paris et de Tortoni. — Lord Seymour. — Sa popularité. — Le bal de l'Opéra. — Les tombolas. — Le bal des Variétés. — La foule. — Les costumes. — Les danses. — Aspect étrange de ce bal. — Les bals de l'Opéra-Comique, du Palais-Royal, du théâtre Ventadour, de l'Odéon, de la Porte-Saint-Martin, de l'Ambigu, du Cirque. — Les Champs-Élysées d'hiver. — Les bals de l'hôtel Laffitte. — M. Masson de Puitneuf. — Le carnaval à tous les étages de la société. — Quelques viveurs de ce temps. — M. Romieu. 151

VIII

La cour de Louis-Philippe au Palais-Royal et aux Tuileries. — Sa maison et celle de la Reine. — Ses habitudes quotidiennes. — Sa famille. — Le Prince royal et le duc de Nemours. — Leur éducation et leurs premières armes. — Le prince de Joinville et le duc d'Aumale. — Entourage du Roi. — Le premier ministère après 1830. — Grandes individualités politiques du temps. — L'intimité des Tuileries. — Apparences extérieures. — Les équipages. — Le char-à-bancs de famille. — Anecdote. — Don Carlos et Louis-Philippe. — Simplicité élégante de la cour des Tuileries. — Les grands bals. — Les petits bals de la Reine. — Les concerts. — Aspect général. — Les toilettes des femmes. — Les costumes des hommes. — Le corps diplomatique — Voyage du duc d'Orléans et du duc de Nemours à Berlin et à Vienne. — Mariage du Prince royal. — Maison de madame la duchesse d'Orléans. — Fêtes du mariage. — Inauguration du musée historique de Versailles — Détails. — Victor Hugo et Eugène Sue. 183

IX

Solennités légitimistes. — Pèlerinage en Bohême. — Déclaration de la majorité de M. le duc de Bordeaux. — Difficultés préliminaires. — Réception de la députation royaliste au château de Buschtierad. — Discours. — Banquet à Prague. — Bals organisés à Paris en faveur des pensionnaires de l'ancienne liste civile de Charles X. — Matinées de Tivoli. — Notabilités politiques et littéraires du parti légitimiste. — MM. Berryer, de Fitz-James, de Dreux-Brezé, de Conny, de Rességuier, de Calvimont, de Beauchêne, Walsh. — Quelques mots sur la personne et les productions du vicomte d'Arlincourt. — Souvenirs du château de Saint-Paër. — Les fonctionnaires du gouvernement au bal de la liste civile. — Le comte de Rambureau, son administration et sa popularité. — Les courses de chevaux sous le règne de Louis-Philippe. — Courses du champ de Mars. — Aspect. — Chevaux et coureurs. — *Steeple chases* de la croix de Berny — Courses de Chantilly. — Le *Jockey's club*. — La pelouse. — Les soirées de Chantilly. — Élégants et élégantes du *Turf*. — Les lorettes de ce temps-là. — Ce qui est de tous les temps. — Un dialogue de Clément Marot. 229

X

Les salons ministériels et officiels. — Les salons politiques. — Le député à Paris. — Les deux Chambres. — Les grandes séances à la Chambre des députés. — Les orateurs. — Le public — Salon du président de la Chambre. — M. Sauzet. — Le ministère de l'Intérieur. — M. et madame Duchâtel. — Le ministère des affaires étrangères. — M. Guizot. — Inconvénient des ministères qui durent trop longtemps dans un gouvernement parlementaire. — Le salon du comte Molé. — Affection du duc d'Orléans pour le comte Molé. — Le château de Champlâtreux. — Visite de Louis-Philippe à Champlâtreux. — Le prince de Talleyrand. — Sa vie à Valençay. — La princesse Poniatowska. — La duchesse de Dino. — Dernières années du prince de Talleyrand. — Sa dernière apparition à l'Académie des sciences morales et politiques. — Texte curieux de sa rétractation religieuse. — Le roi Louis-Philippe le visite à son lit de mort. — Salon du Luxembourg. — Le duc Decazes grand référendaire de la Chambre des pairs. — La duchesse. — Portrait du duc Decazes. — Sa mission extraordinaire en Danemark en 1846. — Le duc de Gluksbierg. — Le salon de M. Thiers. — Son entourage. — Ses habitudes. — Les femmes politiques. — La princesse de Liéven. — Madame de Rumford. — Les entresols politiques. 257

XI

Salons littéraires. — Soirées du comte Jules de Rességuier. — Sa famille. MM. Émile et Antoni Deschamps, Jules de Saint-Félix, de Beauchêne. — Les vers de Jules de Rességuier. — Salon de Madame d'Arbouville. — Ses œuvres. — Sa mort prématurée. — Ses amis littéraires et politiques. — Salons particuliers du petit et du grand faubourg Saint-Germain. — La Chaussée-d'Antin. — Individualités. — La comtesse Samoyloff. — L'hôtel de M. de Rothschild. — Le théâtre du comte Jules de Castellane — Les pièces et les acteurs. — Premiers grondements de l'orage de 1848. — Le dernier bal sous Louis-Philippe. — Le prince de Ligne, ambassadeur de Belgique............................ 315

XII

Les avant-coureurs du 24 février. — La soirée du 22 et la journée du 23. — La crise. — Le cabinet de M. Guizot après la révolution. — Arrivée de M. de Lamartine au ministère des Affaires étrangères. — Son attitude et ses paroles. — M. Bastide. — Le premier salon ouvert après la révolution de Février. — Soirée de M. Émile de Girardin. — Détails. — La société parisienne après la Révolution de 1848. — Le salon de M. de Lamartine aux Affaires étrangères. — Réflexions philosophiques. — Conclusion................... 545

www.ingramcontent.com/pod-product-compliance
Lightning Source LLC
Chambersburg PA
CBHW052138230426
43671CB00009B/1292